Les Alliés
de
l'Humanité

◆

LIVRE 1

Les Alliés

de

l'Humanité

◆

LIVRE 1

◆

UN MESSAGE URGENT

concernant la présence extraterrestre

dans le monde aujourd'hui

Marshall Vian Summers

LES ALLIÉS DE L'HUMANITÉ LIVRE 1 : un message urgent concernant la présence extraterrestre dans le monde aujourd'hui

Édité par Darlene Mitchell

Conception du livre par Argent Associates, Boulder, CO

Couverture par Reed Novar Summers
« Pour moi, cette image de couverture nous représente, nous, sur Terre ; le globe noir symbolisant la présence extraterrestre dans le monde aujourd'hui et la lumière derrière celui-ci symbolisant cette présence invisible que nous serions autrement incapables de voir ; l'étoile éclairant la Terre représente les Alliés de l'humanité nous apportant un nouveau message et une nouvelle perspective sur la relation entre la Terre et la Grande Communauté. »

VERSION ORIGINALE EN ANGLAIS
ISBN: 978-1-884238-45-1 *THE ALLIES OF HUMANITY, BOOK ONE: An Urgent Message about the Extraterrestrial Presence in the World Today*
Library of Congress Control Number: 2001 130786
Ceci est la seconde édition de Les Alliés de l'humanité livre 1.

NKL French POD Version 4.55

PUBLISHER'S CATALOGING-IN-PUBLICATION

Summers, Marshall.
    The allies of humanity book one: an urgent message about the extraterrestrial presence in the world today / M.V. Summers
    p. cm.
    978-1-884238-45-1 (English print)
    978-1-942293-39-2 (French print)
    978-1-884238-46-8 (English ebook)
    978-1-942293-54-5 (French ebook)
    001.942
    QB101-700606

Les livres de la New Knowledge Library sont publiés par la Society for The Greater Community Way of Knowledge. La Society est une organisation à but non lucratif se consacrant à la présentation de la Voie de la Connaissance de la Grande Communauté.

Pour recevoir des informations concernant les enregistrements audio, les programmes d'éducation et les services de la Society, merci de consulter le site internet de la Society ou d'écrire à l'adresse suivante :

THE SOCIETY FOR THE GREATER COMMUNITY WAY OF KNOWLEDGE
P.O. Box 1724 • Boulder, CO 80306-1724 • (303) 938-8401
society@newmessage.org
www.alliesofhumanity.org   www.newmessage.org
www.alliesdelhumanite.org   www.newmessage.org/fr

Dédié aux grands mouvements de liberté

dans l'histoire de notre monde,

connus et inconnus.

TABLE DES MATIÈRES

Les quatre questions fondamentales ix

Préface xi

Note à l'intention des lecteurs xvii

Qui sont les Alliés de l'humanité ? xxiii

PREMIER EXPOSÉ :   la présence extraterrestre dans
le monde aujourd'hui 29

DEUXIÈME EXPOSÉ :   le défi à la liberté humaine . 53

TROISIÈME EXPOSÉ :   un grand avertissement 69

QUATRIÈME EXPOSÉ : la manipulation des croyances
et des traditions
religieuses 83

CINQUIÈME EXPOSÉ : le seuil : une nouvelle promesse
pour l'humanité 103

SIXIÈME EXPOSÉ :   questions & réponses 121

LE MOT DE LA FIN   155

La solution 157

Un nouvel espoir dans le monde 159

Résistance & autonomie:
L'éthique du contact 163

Passer à l'action – ce que vous pouvez faire 167

Message de Marshall Vian Summers. 175

APPENDICE : *Définition des termes*. 183

Commentaires sur Les Alliés de l'humanité . 187

Pour aller plus loin 191

Ressources additionnelles 193

*Extraits des livres de la Voie de la
Connaissance* 197

À propos de l'auteur 205

Livres du Nouveau Message 207

Les quatre questions fondamentales concernant
la présence extraterrestre dans le monde
aujourd'hui :

Que se passe-t-il ?

Quelles en sont les raisons ?

Qu'est-ce que cela signifie ?

*Comment pouvons-nous nous
préparer ?*

Il est assez rare de trouver un livre qui change notre vie, mais il est encore plus remarquable de trouver une œuvre qui a le potentiel de changer le cours de l'histoire humaine.

Il y a près de quarante ans, avant l'apparition des mouvements environnementalistes, une femme courageuse écrivit un livre des plus provocateurs et des plus controversés qui changea le cours de l'histoire. *Silent Springs*, de Rachel Carson, engendra une prise de conscience mondiale des dangers liés à la pollution de l'environnement et continue aujourd'hui encore d'inspirer les activistes environnementalistes. Figurant parmi les premières personnes à déclarer publiquement que l'usage des pesticides et des toxines chimiques était une menace pour toute forme de vie, Carson fut d'abord ridiculisée et calomniée, même par bon nombre de ses pairs, mais fut au final reconnue comme l'une des voix les plus importantes du 20e siècle. *Silent Spring* est encore largement considéré comme la pierre angulaire de l'écologie.

Aujourd'hui, avant que l'invasion extraterrestre en cours dans notre monde ne devienne une réalité bien connue du public, un homme tout aussi courageux – un enseignant spirituel jusqu'alors caché – se présente, porteur d'un communiqué extraordinaire et inquiétant provenant d'au-delà de notre sphère planétaire. Avec *Les Alliés de l'humanité*, Marshall Vian Summers est le premier enseignant spirituel de notre temps à déclarer sans équivoque que la présence non invitée et les actions clandestines de nos « visiteurs » extraterrestres constituent une profonde menace à la liberté humaine.

Bien que, comme Carson, Summers sera sûrement confronté en premier lieu à la dérision et au dénigrement, il pourrait en fin de compte être reconnu comme l'une des voix les plus importantes au monde dans les domaines de l'intelligence extraterrestre, de la spiritualité humaine, et de l'évolution de la conscience. De même, *Les Alliés de l'humanité* pourrait s'avérer essentiel pour assurer l'avenir même de notre espèce – non seulement en nous éveillant à la réalité de l'immense défi que constitue une invasion extraterrestre silencieuse, mais aussi en initiant un mouvement sans précédent de résistance et d'affirmation du pouvoir résidant en chaque individu.

Bien que les circonstances à l'origine de ces informations très controversées puissent être problématiques pour certains, la perspective et le message urgent ici fournis requièrent notre considération la plus profonde et une réponse empreinte de détermination. Nous sommes ici tous trop plausiblement confrontés à l'assertion selon laquelle l'apparition croissante d'OVNI et autres phénomènes apparentés est symptomatique de rien de moins qu'une subtile intervention de la part de forces extraterrestres qui cherchent, jusque-là sans rencontrer d'opposition, à exploiter les ressources de la Terre uniquement dans leur propre intérêt.

Comment réagir de manière adéquate à une affirmation à ce point dérangeante et scandaleuse ? Devons-nous l'ignorer ou la rejeter d'emblée, comme l'ont fait bien des détracteurs de Carson ? Ou devrions-nous investiguer et tenter de comprendre exactement ce qui est nous est ici offert ?

Si nous choisissons d'investiguer et de comprendre, voici ce que nous trouverons : un passage en revue minutieux des dernières décennies de recherche mondiale dans le domaine des activités OVNI et autres phénomènes apparemment liés à une activité extraterrestre (comme par exemple, les enlèvements et les implants effectués par des extraterrestres, les mutilations d'animaux, et même certains cas de « possessions » psychologiques) amène d'amples preuves corroborant la perspective apportée par les Alliés ; en effet, les informations contenues dans les exposés des Alliés apportent une réponse claire à des questions qui ont laissé les chercheurs perplexes durant des années, expliquant des faits récurrents et jusque-là bien mystérieux.

Après avoir exploré le sujet et en être parvenu à la conclusion que le message des Alliés n'est pas seulement plausible mais convaincant, que faisons-nous alors ? Nos considérations mèneront inévitablement à la conclusion que notre situation actuelle s'apparente très sérieusement à l'invasion des « civilisations » européennes dans les Amériques du 15e siècle, alors que les peuples autochtones étaient incapables de comprendre la complexité et le danger que représentaient les forces arrivant sur leurs rivages et d'y répondre adéquatement. Les « visiteurs » vinrent au nom de Dieu, exposant une technologie impressionnante et prétendant offrir un mode de vie plus avancé et plus civilisé. (Il est important de noter que les envahisseurs européens n'étaient pas « le mal incarné » mais seulement des opportunistes qui allaient laisser derrière eux un héritage de dévastation involontaire.)

Le fait est que la violation radicale et à vaste échelle des libertés fondamentales dont les Amérindiens ont par la suite fait l'expérience – y compris la décimation rapide de leur population – constitue non seulement une tragédie humaine monumentale, mais également un puissant exemple auquel nous devrions réfléchir étant donné notre situation actuelle. Cette fois, nous sommes tous ici les autochtones de ce monde, et à moins que nous ne puissions trouver collectivement une réponse plus créative et plus unifiée, nous pourrions bien prendre le chemin d'un destin similaire. C'est précisément la prise de conscience à laquelle *Les Alliés de l'humanité* nous amène sans équivoque.

Cependant, ce livre peut changer des vies, car il éveille un appel intérieur profond qui nous rappelle la raison d'être de notre vie à cette époque précise de l'histoire humaine et nous met face à face avec rien de moins que notre destinée. Nous faisons ici face à la prise de conscience la plus inconfortable de toutes : l'avenir même de l'humanité pourrait bien dépendre de la façon dont nous répondons à ce message.

Si *Les Alliés de l'humanité* présente un grave avertissement, il ne contient pour autant aucune incitation à la peur ou à un pessimisme de fin du monde. Au contraire, le message offre un espoir extraordinaire face à ce qui constitue maintenant une situation très dangereuse et très difficile. L'intention évidente est de préserver et de fortifier la liberté humaine, et d'être le catalyseur d'une réponse à la fois personnelle et collective à l'intervention extraterrestre.

Fort à-propos, Rachel Carson elle-même avait par le passé identifié prophétiquement le même problème qui entrave notre capacité à répondre à la crise actuelle : « Nous ne sommes pas encore devenus suffisamment matures », a-t-elle dit, « pour nous percevoir comme étant seulement une minuscule partie d'un univers vaste et incroyable. » Clairement, nous avons depuis longtemps besoin d'une nouvelle compréhension de nous-mêmes, de notre place dans le cosmos, et de la vie au sein de la Grande Communauté (le vaste univers physique et spirituel dans lequel nous émergeons à présent). Heureusement, *Les Alliés de l'humanité* est comme une passerelle vers un ensemble d'enseignements et de pratiques spirituels remarquables portant la promesse de mener notre espèce à la maturité requise, selon une perspective qui n'est ni terre à terre, ni anthropocentrique, mais ancrée dans des traditions plus anciennes, plus profondes, et plus universelles.

En fin de compte, le message contenu dans Les Alliés de l'humanité remet en question pratiquement toutes nos notions fondamentales concernant la réalité, nous présentant simultanément notre plus grande opportunité d'avancement et notre plus grand défi de survie. Bien que la crise actuelle menace notre autodétermination en tant qu'espèce, elle peut aussi fournir la fondation indispensable à partir de laquelle nous pouvons unir la race humaine – ce qui est pratiquement impossible sans ce contexte plus vaste. Avec la perspective offerte dans *Les Alliés de l'humanité* et le large ensemble d'enseignements que présente Summers, nous recevons à la fois l'avertissement et l'inspiration, qui s'assemblent pour aboutir à une compréhension plus profonde au service de l'évolution future de l'humanité.

◆

Dans son rapport concernant les cent voix les plus influentes du vingtième siècle rédigé pour le *Time Magazine*, Peter Mattheisen écrivait de Rachel Carson : « Avant qu'il n'existe un mouvement pour l'environnement, il y a eu une femme courageuse et son livre très courageux. » Dans quelques années, peut-être pourrons-nous dire la même chose de Marshall Vian Summers : Avant qu'il n'existe un mouvement pour la liberté humaine afin de résister à l'intervention extraterrestre, il y a eu un homme courageux et son message très courageux, *Les Alliés de l'humanité*. Puisse notre réponse être cette fois-ci plus rapide, plus décisive, et plus unifiée.

— MICHAEL BROWNLEE
Journaliste

NOTE À L'INTENTION DES LECTEURS

Les *Alliés de l'humanité - Livre 1* est présenté pour préparer les gens à une réalité entièrement nouvelle, essentiellement cachée et inconnue du grand public aujourd'hui. Ce livre apporte une nouvelle perspective qui donne aux gens le pouvoir de faire face au plus grand défi et à la plus grande opportunité que nous ayons pu rencontrer jusqu'à maintenant en tant que race. Les exposés des Alliés contiennent de nombreuses informations cruciales, sinon alarmantes, concernant l'intervention d'extraterrestres dans notre monde et leur intégration croissante au sein de la race humaine ; ils apportent un éclairage sur les activités extraterrestres et leur programme caché. Le but des exposés des Alliés n'est pas d'apporter des preuves tangibles de la réalité de visites extraterrestres dans notre monde, laquelle est déjà bien documentée dans de nombreux autres livres et journaux de recherche sur le sujet. Les exposés des Alliés traitent des implications dramatiques et de l'envergure considérable de ce phénomène. Ils remettent en question les tendances et les suppositions humaines le concernant et alertent la famille humaine sur le grand seuil auquel nous nous trouvons à présent. Les exposés fournissent un aperçu de la réalité de la vie intelligente dans l'univers et de ce que le Contact signifiera vraiment. Pour de nombreux lecteurs, ce qui est révélé dans *Les Alliés de l'humanité* sera entièrement nouveau. Pour d'autres, ce sera une confirmation de choses qu'ils ont ressenties et qu'ils connaissaient depuis longtemps.

Bien que ce livre porte un message urgent, il promeut également un mouvement vers une conscience plus élevée appelée « la Connaissance », laquelle inclut une capacité télépathique plus grande entre individus et entre races. C'est ainsi que les exposés des Alliés ont été transmis à leur porte-parole par un groupe multiracial d'individus extraterrestres se faisant appeler les « Alliés de l'humanité. » Ils se décrivent eux-mêmes comme des êtres physiques venus d'autres mondes et s'étant rassemblés dans notre système solaire, à proximité de la Terre, dans le but d'observer les communications et les activités de ces races extraterrestres qui sont ici, dans notre monde, et qui interfèrent dans les affaires humaines. Ils soulignent le fait qu'eux-mêmes ne sont pas physiquement présents dans notre monde et que leur rôle est d'apporter une sagesse nécessaire, et non de la technologie ou des interférences.

Les exposés des Alliés furent reçus par Marshall Vian Summers sur une période d'un an. Ils offrent une perspective et une vision sur un sujet complexe qui continue à déconcerter les chercheurs malgré des faits qui s'accumulent maintenant depuis quelques décennies. Pourtant, cette perspective n'est ni romantique, ni spéculative ou idéaliste dans son approche de ce sujet. Au contraire, elle est clairement réaliste et sans compromis, à tel point qu'elle peut représenter un véritable défi, même pour le lecteur bien versé sur le sujet.

Aussi, pour recevoir ce que ce livre a à offrir, vous devez suspendre, pour un temps du moins, bon nombre des croyances, des suppositions et des questions que vous pourriez avoir concernant le Contact extraterrestre et même concernant la manière dont ce livre a été reçu. Le contenu de ce livre est comme un message dans une bouteille venant d'au-delà de notre monde. Nous ne devrions pas nous préoccuper tant de la bouteille que du message lui-même.

Pour réellement comprendre le défi que représente ce message, nous devons remettre en question bon nombre des tendances et des suppositions qui prévalent au sujet de la possibilité et de la réalité du Contact. Celles-ci incluent :

— le déni ;

— les attentes empreintes d'espoir ;

— l'interprétation erronée des faits de sorte que celle-ci puisse conforter nos croyances ;

— le désir d'être sauvé par les « visiteurs », d'attendre cela d'eux ;

— la croyance selon laquelle la technologie extraterrestre nous sauvera ;

— le sentiment d'infériorité et de soumission devant ce que nous supposons être une force supérieure ;

— l'exigence de révélation de la part des gouvernements plutôt que des extraterrestres ;

— la condamnation des dirigeants humains et des institutions humaines tout en acceptant de manière inconditionnelle les « visiteurs » ;

— la supposition selon laquelle, puisqu'ils ne nous ont pas attaqués ni envahis, « les visiteurs » doivent être ici pour notre bien ;

— la supposition selon laquelle une technologie avancée va de pair avec une éthique et une spiritualité avancées :

— la croyance selon laquelle ce phénomène restera un mystère alors qu'il s'agit en fait d'un événement compréhensible ;

— la croyance selon laquelle les extraterrestres peuvent, d'une manière ou d'une autre, légitimement revendiquer l'humanité et cette planète ;

— et la croyance selon laquelle l'humanité ne peut se sauver elle-même et s'en sortir par elle-même.

Les exposés des Alliés remettent en cause de telles suppositions et de telles tendances et démontent bon nombre des mythes que nous avons actuellement concernant ceux qui nous visitent et la raison de leur présence.

Les exposés des Alliés nous apportent une plus grande perspective et une compréhension plus profonde de notre destinée au sein du vaste panorama de la vie intelligente dans l'univers. Pour cela, les Alliés ne s'adressent pas à notre mental analytique mais à la Connaissance, la partie plus profonde de notre esprit où la vérité, si cachée qu'elle puisse être, peut-être perçue et ressentie directement.

Les Alliés de l'humanité, livre 1, fera surgir de nombreuses questions qui demanderont une exploration et une contemplation plus approfondies. L'accent n'est pas mis ici sur des noms, des dates et des lieux mais sur la perspective éclairant la présence extraterrestre dans le monde et la vie dans l'univers – une perspective à laquelle, en tant qu'êtres humains, nous ne pourrions avoir accès autrement. Étant donné que nous vivons encore isolés, à la surface de notre monde, nous ne pouvons pas encore voir ni connaître la réalité de la vie intelligente au-delà de nos frontières. Pour cela nous avons besoin d'aide, une aide d'un genre tout à fait extraordinaire. Il se peut que nous ne reconnaissions ou n'acceptions pas cette aide de prime abord. Elle est cependant là.

Le but affiché des Alliés est de nous alerter des risques liés à notre émergence dans la Grande Communauté de vie intelligente et de nous aider à franchir avec succès ce grand seuil de manière à ce que la liberté, la souveraineté et l'autodétermination humaines puissent être préservées. Les Alliés sont ici pour nous informer de la nécessité, pour l'humanité, d'établir nos propres « Règles d'engagement ». Selon les Alliés, si nous sommes sages, préparés et unis, nous serons alors capables de prendre la place qui nous est destinée en tant que race libre et mature au sein de la Grande Communauté.

◆

Durant la période au cours de laquelle cette série d'exposés a été reçue, les Alliés ont répétés certaines idées clés qui leur semblaient essentielles à notre compréhension. Nous avons respecté ces répétitions dans le livre afin de préserver l'intention et l'intégrité de leur communication. Ces répétitions sont sages et nécessaires, compte-tenu de l'urgence du message des Alliés et en raison de ces forces dans le monde qui s'opposent à ce message.

Faisant suite à la publication de *Les Alliés de l'humanité, livre 1*, en 2001, les Alliés ont fourni un second ensemble d'exposés afin de compléter leur message essentiel pour l'humanité. *Les Alliés de l'humanité, livre 2*, publié en 2005, présente de nouvelles informations édifiantes sur les interactions entre races dans notre univers local, ainsi que sur la nature, le but et les activités les plus secrètes de ces races qui interviennent dans les affaires humaines. Grâce aux lecteurs qui ont senti l'urgence du message des Alliés et qui ont traduit ces exposés dans d'autres langues, il existe désormais une prise de conscience mondiale croissante de la réalité de l'Intervention.

À la *New Knowledge Library*, nous considérons que ces deux ensembles d'exposés contiennent ce qui pourrait être l'un des messages les plus importants dans le monde aujourd'hui. *Les Alliés de l'humanité* n'est pas seulement un autre livre spéculant sur le phénomène OVNI. C'est un message direct et clair qui met en lumière les motivations réelles de l'Intervention extraterrestre, pour qu'émerge une prise de conscience essentielle afin que l'humanité relève ce défi et saisisse les opportunités à venir.

— NEW KNOWLEDGE LIBRARY

Qui sont
les Alliés de l'Humanité ?

Les Alliés servent l'humanité parce qu'ils servent le rétablissement et l'expression de la Connaissance partout dans la Grande Communauté. Ils représentent les sages au sein de nombreux mondes qui œuvrent dans un but supérieur dans la vie. Ensemble, ils partagent une grande Connaissance et une grande Sagesse qui peuvent être transmises par-delà de vastes distances et les limites inhérentes à chaque race, culture, tempérament ou environnement. Leur sagesse est pénétrante. Leur compétence est grande. Leur présence est cachée. Ils vous reconnaissent parce qu'ils ont conscience du fait que vous êtes une race émergente, une race qui émerge dans un environnement très difficile et très compétitif au sein de la Grande Communauté.

◆

LA SPIRITUALITÉ DE LA GRANDE COMMUNAUTÉ
Chapitre 15 : Qui sert l'humanité ?

... Il y a plus de vingt ans, un groupe d'individus venus de plusieurs mondes différents dans un endroit discret de notre système solaire, près de la Terre, dans le but d'observer l'Intervention extraterrestre en cours sur notre planète. De leur poste d'observation caché, ils furent en mesure de déterminer l'identité, l'organisation et les intentions de ceux qui visitent notre monde et de surveiller leurs activités.

Ces observateurs s'identifient comme faisant partie des « Alliés de l'humanité ».

Voici leur rapport.

Les
Exposés

◆

La présence extraterrestre dans le monde aujourd'hui

C'est pour nous un grand honneur que de pouvoir vous présenter cette information, à vous tous qui avez la chance d'entendre ce message. Nous sommes les Alliés de l'humanité. Cette transmission est rendue possible grâce à la présence des Invisibles[1], les conseillers spirituels qui surveillent le développement de la vie intelligente à la fois chez vous et partout dans la Grande Communauté des Mondes.

Nous ne communiquons pas à l'aide d'un quelconque appareil mécanique, mais grâce à un canal spirituel libre de toute interférence. Bien que nous vivions comme vous dans le monde physique, le privilège de communiquer de cette manière nous est donné afin de pouvoir transmettre les informations que nous devons partager avec vous.

Nous représentons un petit groupe d'observateurs scrutant les événements de votre monde. Nous venons

---

1 : Unseen Ones

de la Grande Communauté. Nous n'interférons pas dans les affaires humaines. Nous ne possédons aucune installation ici. Nous avons été envoyés dans un but très précis : être les témoins des événements qui se produisent dans votre monde et, si l'occasion se présente de le faire, vous communiquer ce que nous voyons et ce que nous savons. Car vous vivez à la surface de votre monde et ne pouvez pas voir les choses qui l'entourent. Vous ne pouvez pas non plus voir clairement que des visiteurs fréquentent votre monde en ce moment ni ce que cela présage pour votre avenir.

Nous aimerions vous apporter notre témoignage sur ce fait. Nous le faisons à la demande des Invisibles, car nous avons été envoyés dans ce but. Les informations que nous nous apprêtons à vous communiquer peuvent paraître très difficiles à accepter et elles peuvent vous effrayer. Nombre d'entre vous qui entendront ce message seront peut-être surpris par sa teneur. Nous comprenons cette difficulté car nous y avons nous aussi été confrontés au sein de nos propres cultures.

Vous trouverez peut-être ces informations difficiles à accepter de prime abord, mais elles sont vitales pour tous ceux qui entendent apporter leur contribution au monde.

Depuis de nombreuses années, nous observons ce qui se passe chez vous. Nous ne cherchons pas à établir des relations avec l'humanité. Nous ne sommes pas ici en mission diplomatique. Les Invisibles nous ont demandé de venir vivre à proximité de votre monde afin d'observer les événements que nous allons décrire.

Nos noms ne sont pas importants. Ils ne signifieraient rien pour vous. Et nous n'allons pas les révéler, pour notre propre sécurité, car nous devons rester cachés afin de pouvoir servir.

Pour commencer, il est nécessaire que les gens, partout dans le monde, comprennent que l'humanité est en train d'émerger dans une Grande Communauté de vie intelligente. Votre monde est « visité » par plusieurs races extraterrestres et par plusieurs organisations différentes issues de diverses races. Cette activité est en cours depuis un certain temps. Il y a eu des visites tout au long de l'histoire de l'humanité, mais rien de cette envergure. L'apparition d'armes nucléaires et la destruction de votre monde naturel ont attiré ces forces dans vos environs.

Nous savons qu'il y a actuellement de nombreuses personnes dans le monde qui commencent à prendre conscience de ce qui est en train de se produire. Et nous savons également que ces visites sont sujettes à bien des interprétations – quant à ce qu'elles pourraient signifier et ce qu'elles pourraient apporter. Et de nombreuses personnes conscientes de la situation sont remplies d'espoir et s'attendent à ce que l'humanité puisse tirer un grand avantage de celle-ci. Nous le comprenons. Il est naturel d'espérer cela. Il est naturel d'être plein d'espoir.

Les visites dans votre monde sont à présent très nombreuses, à tel point que vous trouverez partout dans le monde des gens qui en sont témoins et qui en éprouvent directement les effets. Ces « visiteurs » de la Grande Communauté, ces différentes organisations d'êtres, ne sont pas venus pour encourager le progrès de l'humanité ou l'éducation spirituelle de l'humanité. Ce sont les ressources de votre monde qui ont amené ces forces dans vos environs en si grand nombre et avec tant d'insistance.

Nous comprenons que ceci soit difficile à accepter de prime abord parce que vous ne pouvez pas encore mesurer à quel point votre monde est magnifique, combien il est riche et quel rare joyau il constitue dans une Grande Communauté de mondes désertiques et d'espace vide. Des mondes tels que le vôtre sont en effet rares. La plupart des endroits de la Grande Communauté qui sont actuellement habités ont été colonisés, et ce grâce à la technologie. Mais des mondes tels que le vôtre, où la vie a évolué naturellement, sans l'aide de la technologie, sont beaucoup plus rares que vous ne pouvez le réaliser. Cela n'a pas échappé à d'autres, bien sûr, car les ressources biologiques de votre monde ont été utilisées par plusieurs races depuis des millénaires. Certains considèrent ce monde comme un entrepôt. Cependant, c'est le développement de la culture humaine et ses armes dangereuses, ainsi que la détérioration des ressources, qui ont conduit à l'Intervention extraterrestre.

Peut-être vous demanderez-vous pourquoi des efforts diplomatiques n'ont-ils pas été entrepris pour contacter les dirigeants de l'humanité. C'est une question raisonnable, mais la difficulté repose sur le fait qu'il n'y a personne pour représenter l'humanité, car vos citoyens sont divisés, et vos nations s'opposent les unes aux autres. Les visiteurs dont nous parlons supposent également que vous êtes de nature guerrière et agressive et que vous apporteriez le malheur et l'hostilité dans l'univers qui vous entoure en dépit de vos bonnes qualités.

Par conséquent, dans nos messages, nous voulons vous donner une idée de ce qui est en train de se produire, de ce que cela va signifier pour l'humanité et de la manière dont tout cela est lié à votre développement spirituel, à votre développement social et à votre avenir dans le monde et dans la Grande Communauté des Mondes elle-même.

Les gens ne sont pas conscients de la présence de forces étrangères, ils ne sont pas conscients de la présence de prospecteurs de ressources, de ceux qui chercheraient à établir une alliance avec l'humanité pour leurs bénéfices personnels. Peut-être devrions-nous commencer ici en vous donnant un aperçu de ce qu'est la vie au-delà de vos rivages, car n'ayant pas voyagé très loin, vous ne pouvez connaître ces choses par vous-mêmes.

Vous vivez dans une partie de la galaxie qui est relativement peuplée. Toutes les parties de la galaxie ne sont pas aussi habitées. Il y a de grandes régions inexplorées. Il existe de nombreuses races qui vivent cachées. Les échanges et le commerce entre les mondes se font dans certaines régions seulement. L'environnement dans lequel vous allez émerger est très compétitif. Le besoin en ressources est omniprésent, et de nombreuses sociétés technologiques ont épuisé les ressources naturelles de leur planète au complet et doivent faire du commerce, marchander et voyager pour obtenir ce dont elles ont besoin. C'est une situation très compliquée. De nombreuses alliances se forment et des conflits peuvent éclater.

Peut-être avez-vous besoin de réaliser à ce stade que la Grande Communauté dans laquelle vous émergez est un environnement difficile qui constituera un défi, et qui apporte pourtant de grandes opportunités et de grandes possibilités pour l'humanité. L'humanité doit cependant se préparer et apprendre ce qu'est la vie dans l'univers pour que ces possibilités et ces avantages deviennent réels. Et elle doit parvenir à comprendre ce que signifie la spiritualité au sein d'une Grande Communauté de vie intelligente.

Notre propre histoire nous révèle qu'il s'agit là du plus grand seuil que tout monde aura à traverser. Cependant, ce n'est pas quelque chose que vous pouvez planifier par vous-mêmes. Ce n'est pas quelque chose que vous pouvez mettre au point pour votre propre avenir. Car les forces mêmes qui vont apporter la réalité de la Grande Communauté ici sont déjà présentes dans le monde. Les circonstances les ont amenées ici. Elles sont ici.

Peut-être cela vous donne-t-il un aperçu de ce qu'est la vie au-delà de vos frontières ? Nous ne voulons pas créer une idée qui instille la peur, mais il est nécessaire pour votre propre bien-être et pour votre avenir qu'une évaluation honnête vous soit fournie et que vous puissiez parvenir à voir ces choses avec clarté.

Notre sentiment est que le plus grand besoin de votre monde aujourd'hui est celui de vous préparer à la vie dans la Grande Communauté. Et pourtant, d'après nos observations, les gens sont préoccupés par leurs propres affaires et leurs propres problèmes de la vie quotidienne, sans aucune conscience des plus grandes forces qui changeront leur destinée et affecteront leur avenir.

Les forces et les groupes qui sont ici aujourd'hui représentent plusieurs alliances différentes. Ces différentes alliances ne sont pas unies dans leurs efforts. Chaque alliance est formée de plusieurs groupes raciaux qui collaborent dans le but d'accéder aux ressources de votre monde et de maintenir cet accès. Ces différentes alliances, en essence, rivalisent les unes avec les autres, bien qu'elles ne soient pas en guerre les unes contre les autres. Elles voient votre monde comme un grand trophée qu'elles veulent décrocher pour elles-mêmes.

Cela engendre un très grand défi pour votre peuple, car les forces qui vous visitent possèdent non seulement une technologie avancée mais également une forte cohésion sociale, et elles sont capables d'influencer les pensées au sein de l'Environnement Mental. Voyez-vous, dans la Grande Communauté, la technologie s'acquiert facilement, et ainsi le grand avantage entre les sociétés qui se font concurrence tient à leur capacité à influencer la pensée. Cela a donné lieu à des démonstrations très sophistiquées. Ceci constitue un ensemble de compétences que l'humanité commence à peine à découvrir.

En conséquence, vos visiteurs ne viennent pas avec des armes puissantes ni accompagnés d'armées ou d'armadas de vaisseaux. Ils viennent en groupes relativement petits, mais dotés d'une capacité d'influence considérable sur les gens. Cela représente un usage du pouvoir plus sophistiqué et plus mature dans la Grande Communauté. C'est cette capacité que l'humanité devra cultiver à l'avenir si elle veut se mesurer avec succès à d'autres races.

Les visiteurs sont ici pour gagner l'allégeance des êtres humains. Ils ne veulent pas détruire les infrastructures humaines ni anéantir la présence humaine. Ils souhaitent plutôt utiliser celles-ci pour leur propre bénéfice. Leur intention est l'emploi, non la destruction. Ils ont le sentiment qu'ils ont raison d'agir ainsi parce qu'ils croient qu'ils sont en train de sauver le monde. Certains croient même qu'ils sont en train de sauver l'humanité d'elle-même. Mais cette perspective ne sert pas vos plus grands intérêts, et elle n'encourage pas la sagesse et l'autodétermination au sein de la famille humaine.

Mais comme il existe des forces du bien au sein de la Grande Communauté des Mondes, vous avez des alliés. Nous représentons la voix de vos alliés, les Alliés de l'humanité. Nous ne sommes pas ici pour utiliser vos ressources ou pour vous prendre ce que vous possédez. Nous ne cherchons pas à faire de l'humanité un état client ou une colonie pour nos propres besoins. Au lieu de cela, nous souhaitons encourager la force et la sagesse au sein de l'humanité parce c'est ce que nous supportons partout dans la Grande Communauté.

Notre rôle est donc tout à fait essentiel, et nos informations sont absolument indispensables parce qu'à ce stade-ci, même les gens qui sont informés de la présence des visiteurs ne sont pas encore conscients de leurs intentions. Ils ne comprennent pas les méthodes des visiteurs. Et ils ne comprennent pas leur sens de l'éthique ou de la moralité. Les gens perçoivent les visiteurs soit comme des anges, soit comme des monstres. Mais en réalité, ils sont très proches de vous dans leurs besoins. Si vous pouviez voir le monde au travers de leurs yeux, vous comprendriez leur conscience et leur motivation. Mais vous auriez pour cela besoin de vous aventurer hors de votre sphère.

Les visiteurs sont engagés dans quatre activités fondamentales visant à mettre en place leur influence au sein de votre monde. Chacune de ces activités est unique, mais elles sont coordonnées entre elles. Elles ont été mises en place parce que l'humanité a fait l'objet d'études depuis longtemps. La pensée humaine, le comportement humain, la physiologie humaine et la religion humaine ont été étudiés depuis un certain temps déjà. Vos visiteurs comprennent bien ces éléments et ils les utiliseront à leurs propres fins.

Le premier champ d'activité des visiteurs consiste à influencer les individus qui occupent des positions de pouvoir et d'autorité. Comme ils ne veulent pas détruire quoi que ce soit dans le monde ni détériorer les ressources naturelles du monde, ils cherchent à influencer ceux qu'ils perçoivent comme occupant des positions de pouvoir, principalement au sein des gouvernements et des religions. Ils cherchent à prendre contact, mais seulement avec certains individus. Ils ont le pouvoir d'établir ce contact, et ils ont le pouvoir de persuasion. Ceux qu'ils contactent ne se laisseront pas tous persuader, mais nombreux sont ceux qui le seront. La promesse d'un pouvoir supérieur, d'une technologie supérieure et de la domination mondiale intrigueront et motiveront nombre d'individus. Et c'est avec ces individus que les visiteurs chercheront nouer des liens.

Il y a très peu de citoyens en poste dans les gouvernements du monde qui sont ainsi affectés, mais leur nombre va en grandissant. Les visiteurs comprennent la hiérarchie du pouvoir parce qu'ils vivent eux aussi dans un tel cadre, en suivant leur propre chaîne hiérarchique, pour ainsi dire. Ils sont extrêmement organisés et très concentrés dans leurs efforts, et l'idée d'avoir des cultures composées d'individus libres penseurs leur est largement étrangère. Ils ne conçoivent pas ou ne comprennent pas la liberté individuelle. Ils sont comme bien des sociétés technologiquement avancées au sein de la Grande Communauté, qui fonctionnent à la fois dans le cadre de leurs mondes respectifs et dans leurs établissements situés au loin par-delà de vastes étendues de l'espace, et qui utilisent une forme de gouvernance et d'organisation rigide et très bien établie. Ils croient que l'humanité est chaotique et indisciplinée, et ils pensent qu'ils mettent de l'ordre dans une situation qu'ils ne peuvent pas eux-mêmes comprendre. La liberté individuelle leur est inconnue, et ils n'en voient pas la valeur. Par conséquent, ce qu'ils cherchent à établir en ce monde n'honorera pas cette liberté.

Leur première phase de travail consiste donc à établir une liaison avec des individus en position de pouvoir et d'influence en vue de gagner leur allégeance et de les persuader des aspects profitables d'une association couplée d'un objectif commun.

Le deuxième champ d'activité, celui qui est peut-être le plus difficile à considérer de votre perspective, consiste en la manipulation des valeurs et des impulsions religieuses. Les visiteurs comprennent que les plus grandes capacités de l'humanité représentent également sa plus grande vulnérabilité. Les gens désirent ardemment la rédemption individuelle et cela représente l'un des plus grands atouts que la famille humaine a à offrir, même à la Grande Communauté. Mais c'est aussi votre faiblesse. Et ce sont ces impulsions et ces valeurs qui seront exploitées.

Plusieurs groupes de visiteurs souhaitent se positionner en tant qu'agents spirituels parce qu'ils savent comment s'exprimer dans l'Environnement Mental. Ils peuvent communiquer directement avec les gens, et malheureusement, parce qu'il y a très peu de gens dans le monde qui peuvent faire la différence entre une voix spirituelle et celle des visiteurs, la situation devient très difficile.

Par conséquent, le deuxième champ d'activité consiste à gagner l'allégeance des gens via leurs motivations religieuses et spirituelles. En fait, cela peut se faire très facilement parce que l'humanité n'est pas encore forte ni développée dans l'Environnement Mental. Il est difficile pour les gens de discerner d'où viennent ces impulsions. De nombreuses personnes veulent se donner à tout ce qui leur semble posséder une voix plus forte et un pouvoir plus grand. Vos visiteurs peuvent projeter des images – des images de vos saints, de vos maîtres, des anges – des images que votre monde tient pour sacrées et chères. Ils ont cultivé cette capacité en s'efforçant de s'influencer mutuellement durant des siècles et des siècles et en apprenant les voies de persuasion pratiquées dans de nombreux endroits de la Grande Communauté. Ils vous considèrent comme primitifs, et ils ont ainsi le sentiment qu'ils peuvent exercer cette influence sur vous et utiliser ces méthodes.

Ils tentent actuellement de contacter les individus qui sont considérés sensibles, réceptifs et naturellement disposés à coopérer. Beaucoup de gens seront sélectionnés, mais seuls quelques-uns seront choisis en raison de ces qualités particulières. Vos visiteurs chercheront à gagner l'allégeance de ces personnes, à gagner leur confiance et à gagner leur dévouement en leur disant qu'ils sont là pour élever spirituellement l'humanité, pour donner à l'humanité un nouvel espoir, de nouvelles bénédictions et un nouveau pouvoir promettant en effet les choses que les gens désirent si ardemment mais qu'ils n'ont pas encore trouvées par eux-mêmes. Peut-être vous demanderez-vous : « Comment une telle chose peut-elle se produire ? » Mais nous pouvons vous assurer que ce n'est pas difficile, une fois que vous avez développé ces compétences et ces capacités.

L'effort ici consiste à pacifier et à rééduquer les gens par la persuasion spirituelle. Ce « Programme de Pacification » est adapté aux différents groupes religieux visés en fonction de leurs idéaux et de leur tempérament. Il cible toujours les individus réceptifs. Les visiteurs espèrent ici que les gens perdront leur sens du discernement et qu'ils feront entièrement confiance au plus grand pouvoir qu'ils sentent que les visiteurs leur offrent. Une fois cette allégeance établie, il devient de plus en plus difficile pour les gens de distinguer ce qu'ils savent en eux-mêmes de ce qu'on leur a dit. Il s'agit d'une forme de persuasion et de manipulation très subtile mais très envahissante. Nous en reparlerons plus loin au cours de nos entretiens.

Abordons à présent le troisième champ d'activité, qui consiste à établir la présence des visiteurs dans le monde et à habituer les gens à leur présence. Ils veulent que l'humanité s'acclimate à ce très grand changement chez elle – que vous vous habituiez à la présence physique des visiteurs et à son effet sur votre propre Environnement Mental. Pour ce faire, ils vont créer des établissements ici, mais à l'abri des regards. Ces établissements seront dissimulés, mais ils seront très puissants dans leur capacité à diffuser une influence sur les populations humaines vivant à proximité. Les visiteurs prendront beaucoup de temps et de soin pour s'assurer que ces établissements soient efficaces et que suffisamment de gens leur prêtent allégeance. Ce sont ces personnes qui garderont le secret de la présence des visiteurs et qui la protégeront.

C'est exactement ce qui est en train de se produire dans votre monde à l'heure actuelle. Cela représente un grand défi et malheureusement un grand risque. Cette même situation que nous décrivons s'est présentée tant de fois dans tant d'endroits de la Grande Communauté. Et les races émergentes telles que la vôtre sont toujours les plus vulnérables. Quelques races émergentes sont capables de se rendre compte par elles-mêmes de ce qui se passe, d'unir leurs capacités et de coopérer au point de pouvoir repousser les influences extérieures telles que celles dont nous parlons et d'établir leur présence et leur place dans la Grande Communauté. Cependant, bien des races tombent sous le contrôle et l'influence de puissances étrangères avant même d'avoir atteint cette liberté.

Nous comprenons que ces informations puissent déclencher une peur considérable et peut-être une réaction de déni ou de confusion. Mais à mesure que nous observons les événements, nous nous rendons compte que très peu de gens sont informés de la réalité de la situation. Même ceux qui prennent conscience de la présence de forces étrangères ne sont pas en position de pouvoir percevoir la situation clairement et n'ont pas atteint le point de vue privilégié à partir duquel ils peuvent le faire. De plus, étant toujours pleins d'espoir et d'optimisme, ils cherchent à donner à ce grand phénomène un sens aussi positif que possible.

Cependant, la Grande Communauté est un environnement compétitif, un environnement difficile. Ceux qui s'engagent dans le voyage spatial ne représentent pas ceux qui sont avancés spirituellement, car ceux qui sont avancés spirituellement cherchent à s'isoler de la Grande Communauté. Ceux-là ne cherchent pas à faire du commerce. Ils ne cherchent pas à influencer d'autres races ou à prendre part à un ensemble de relations complexes qui sont établies dans une logique de commerce et de bénéfices mutuels. Ceux qui sont plus avancés sur le plan spirituel cherchent plutôt à rester cachés. C'est une compréhension très différente des choses, peut-être, mais elle vous est nécessaire pour que vous en veniez à comprendre la situation très dangereuse à laquelle l'humanité est confrontée. Cette situation problématique offre pourtant de grandes possibilités. Nous souhaitons aborder ce sujet à présent.

Malgré la gravité de la situation que nous décrivons, nous n'avons pas le sentiment que ces circonstances représentent une tragédie pour l'humanité. En effet, si ces circonstances peuvent être reconnues et comprises et si la préparation à la Grande Communauté, qui existe maintenant dans le monde, peut être utilisée, étudiée et appliquée, alors les gens de bonne volonté auront la capacité d'apprendre la Connaissance et la Sagesse de la Grande Communauté. Les gens seront ainsi partout capables de trouver le fondement de la coopération, afin que la famille humaine puisse enfin instaurer une unité qui n'a jamais existé. Mais il faudra l'ombre de la Grande Communauté pour unir l'humanité. Et cette ombre est maintenant là.

Votre évolution vous mène vers votre émergence dans une Grande Communauté de vie intelligente. Cela se produira, que vous y soyez préparés ou non. Cela doit se produire. La préparation devient alors la clef. Compréhension et clarté : voilà ce dont votre monde a besoin en ce moment.

Tous les gens possèdent de grands talents spirituels pouvant leur permettre de voir et de savoir avec clarté. Ces talents sont nécessaires à présent. Les gens doivent les reconnaître, les employer et les partager librement. Il n'appartient pas uniquement à un grand maître ou à un grand saint dans votre monde de faire cela. Ces talents doivent être cultivés par beaucoup plus de gens maintenant. Car la situation engendre la nécessité, et si le défi de la nécessité peut être relevé, celle-ci amène une grande opportunité.

Cependant, l'apprentissage de la réalité de la Grande Communauté et l'expérience de la Spiritualité de la Grande Communauté exigent énormément d'efforts. Jamais auparavant les êtres humains n'ont dû apprendre de telles choses en si peu de temps. En effet, de telles choses ont rarement été apprises par quiconque dans votre monde auparavant. Mais aujourd'hui les nécessités ont changé. Les circonstances sont différentes. Il y a désormais de nouvelles influences chez vous, des influences que vous pouvez ressentir et que vous pouvez identifier.

Les visiteurs cherchent à empêcher les gens d'avoir cette perception et cette Connaissance en eux, car ils ne les ont pas en eux-mêmes. Ils n'en perçoivent pas la valeur. Ils n'en comprennent pas la réalité. Sous cet aspect, l'humanité dans son ensemble est plus avancée qu'ils ne le sont. Mais ce n'est qu'un potentiel, un potentiel qui doit maintenant être cultivé.

La présence étrangère dans le monde s'amplifie. Elle s'accroît chaque jour, chaque année. Beaucoup plus de gens tombent sous sa persuasion, perdant ainsi leur capacité à savoir, devenant confus et égarés, croyant en des choses qui ne peuvent que les affaiblir et les rendre impuissants face à ceux qui cherchent à les utiliser à leurs propres fins.

L'humanité est une race émergente. Elle est vulnérable. Elle est maintenant confrontée à un ensemble de circonstances et d'influences auxquelles elle n'a jamais eu à faire face auparavant. Vous n'avez évolué que pour rivaliser les uns avec les autres. Vous n'avez jamais eu à rivaliser avec d'autres formes de vie intelligente. Pourtant, c'est cette compétition qui vous fortifiera et vous forcera à utiliser vos plus grands attributs, si vous pouvez parvenir à percevoir la situation avec clarté et à la comprendre.

Il appartient aux Invisibles de stimuler cette force. Les Invisibles, que vous appelez à juste titre les anges, ne s'adressent pas seulement au cœur des êtres humains mais également au cœur de tout être capable d'écouter, aux cœurs qui ont acquis la liberté d'écouter.

C'est un message difficile que nous venons livrer, mais c'est un message de promesse et d'espoir. Peut-être n'est-ce pas là le message que les gens veulent entendre. Ce n'est certainement pas le message dont les visiteurs feraient la promotion. C'est un message qui peut être transmis d'une personne à l'autre, et il sera partagé parce qu'il est naturel de le faire. Cependant, les visiteurs et ceux qui sont tombés sous leur persuasion s'opposeront à une telle prise de conscience. Ils ne veulent pas d'une humanité indépendante. Ce n'est pas leur objectif. Ils ne croient pas tout simplement pas que cela soit bénéfique. Aussi désirons-nous sincèrement que vous réfléchissiez à ces idées, sans appréhension, mais avec un sérieux et une gravité ici bien justifiés.

Il y a de nombreuses personnes dans le monde aujourd'hui, nous en sommes bien conscients, qui sentent venir un grand changement pour l'humanité. Les Invisibles nous ont révélé cela. De nombreuses causes sont attribuées à ce sentiment de changement. Et bien des dénouements sont prédits. Cependant, à moins que vous ne puissiez commencer à comprendre la réalité de l'émergence de l'humanité dans une Grande Communauté de vie intelligente, vous n'avez pas encore le contexte approprié pour comprendre la destinée de l'humanité ou le grand changement qui est en train de se produire dans le monde.

Selon nous, les gens naissent à une certaine époque pour servir cette époque-là. C'est un enseignement de la Spiritualité de la Grande Communauté, un enseignement que nous étudions également. Il enseigne la liberté et le pouvoir liés à un but partagé. Il accorde l'autorité à l'individu et tout individu qui peut se joindre aux autres – des concepts qui sont rarement acceptés ou adoptés dans la Grande Communauté, car la Grande

Communauté n'est pas le paradis céleste. Il s'agit d'une réalité physique avec les rigueurs de la survie et tout ce que cela implique. Tous les êtres vivant au sein de cette réalité doivent composer avec ces besoins et ces questions. Et, de cette perspective, vos visiteurs vous ressemblent plus que vous ne le réalisez. Ils ne sont pas impossibles à comprendre. Ils cherchent à se rendre insaisissables, mais ils peuvent être compris. Vous avez le pouvoir de les comprendre, mais vous devez voir avec clarté. Il vous faut voir avec une plus grande clairvoyance et savoir avec une plus grande intelligence, que vous avez la possibilité de cultiver en vous.

Nous devons maintenant vous parler davantage du deuxième domaine d'influence et de persuasion parce que c'est un sujet très important et nous désirons sincèrement que vous compreniez ces choses et que vous y réfléchissiez par vous-mêmes.

Les religions du monde, plus que les gouvernements, plus que toute autre institution, détiennent la clef de la dévotion et de l'allégeance des humains. Cela parle en bien de l'humanité parce que de telles religions sont souvent difficiles à trouver dans la Grande Communauté. Votre monde est riche à cet égard, mais votre force est également votre point faible, votre zone de vulnérabilité. Bien des gens veulent être divinement guidés et désignés, pour céder les rênes de leur propre vie et être dirigés, conseillés et protégés par un plus grand pouvoir spirituel. C'est un désir authentique, mais dans le contexte de la Grande Communauté, une sagesse considérable doit être cultivée pour que ce désir trouve son accomplissement. Il est très triste de constater à quel point les gens cèdent leur pouvoir si facilement – ils cèdent volontiers à de parfaits inconnus quelque chose qu'ils n'ont même jamais possédé pleinement.

Ce message est destiné à atteindre des gens qui ont une plus grande affinité avec la spiritualité. Par conséquent, il est nécessaire que nous entrions dans les détails de ce sujet. Nous encourageons la spiritualité telle qu'elle est enseignée dans la Grande Communauté, pas une sorte de spiritualité gouvernée par des nations, des gouvernements ou des alliances politiques, mais une spiritualité naturelle – la capacité de savoir, de voir et d'agir. Vos visiteurs, en revanche, ne mettent pas l'accent sur cela. Ils cherchent à faire croire aux gens qu'ils sont leur famille, qu'ils sont leur foyer, qu'ils sont leurs frères et leurs sœurs, leurs mères et leurs pères. Beaucoup de gens veulent y croire, et donc ils y croient. Les gens veulent céder leur pouvoir personnel, et c'est ce qui arrive. Les gens veulent voir en les visiteurs des amis et une chance de salut, et c'est donc ce que les visiteurs leur montrent.

Un grand sérieux et une grande objectivité seront nécessaires pour y voir clair dans ces tromperies et ces écueils. Il sera indispensable que les gens fassent cela pour que l'humanité parvienne à émerger avec succès dans la Grande Communauté et maintenir sa liberté et son autodétermination au sein d'un environnement d'influences encore plus grandes et de forces plus puissantes. À titre d'exemple : les visiteurs pourraient s'emparer de votre monde sans tirer le moindre coup de feu, car la violence est considérée comme primitive et fruste, et elle est rarement employée dans de pareils cas.

Peut-être demanderez-vous : « Est-ce que cela signifie que notre monde est en train d'être envahi ? » Nous devons vous dire que la réponse est « oui », une invasion des plus subtiles. Si vous pouvez considérer ces idées et y réfléchir sérieusement, vous serez en mesure de voir ces choses par vous-mêmes. L'évidence de cette invasion est partout. Vous pouvez voir comment la capacité de l'humanité est contrebalancée par son désir de bonheur, de paix et de sécurité, et comment la vision des gens et leur capacité à savoir sont entravées par des influences provenant même de leurs propres cultures. Ces influences seront bien plus importantes au sein de l'environnement de la Grande Communauté.

Voilà le message difficile que nous devons présenter. Tel est le message ui doit être délivré, la vérité qu'il faut dire, la vérité vitale qui ne peut attendre. Il est tellement important que les gens acquièrent à présent une plus grande Connaissance, une plus grande Sagesse et une plus grande Spiritualité, afin qu'ils puissent découvrir leurs vraies capacités et qu'ils soient capables de les utiliser efficacement.

Votre liberté est en jeu. L'avenir de votre monde est en jeu. C'est pour cette raison que nous avons été envoyés ici pour parler au nom des Alliés de l'humanité. Il y a des êtres dans l'univers qui gardent la Connaissance et la Sagesse vivantes et qui pratiquent une Spiritualité de la Grande Communauté. Ils ne voyagent pas partout en projetant leur influence sur différents mondes. Ils n'enlèvent pas les gens contre leur gré. Ils ne volent pas vos animaux et vos plantes. Ils n'exercent pas leur influence sur vos gouvernements. Ils ne cherchent pas à se croiser génétiquement avec les humains dans le but de créer ici un nouveau type de leadership. Vos alliés ne cherchent pas à s'immiscer dans les affaires humaines. Ils ne cherchent pas à manipuler la destinée de la race humaine. Ils observent de loin et ils envoient des émissaires tels que nous – et nous prenons de grands risques – pour offrir conseils et encouragement et pour clarifier certaines choses lorsque cela devient nécessaire. Par conséquent, nous venons en paix, porteurs d'un message vital.

Nous devons maintenant parler du quatrième domaine par lequel vos visiteurs cherchent à s'établir : l'hybridation. Ils ne sont pas capables de vivre dans votre environnement. Ils ont besoin de votre vigueur physique. Ils ont besoin de votre affinité naturelle avec le monde. Ils ont besoin de vos capacités reproductrices. Ils veulent aussi vous lier à eux de cette manière parce qu'ils comprennent que cela suscite l'allégeance. Cette approche, d'une certaine manière, établit leur présence ici car la progéniture d'un tel programme aura des liens de sang dans le monde tout en ayant son allégeance envers les visiteurs. Cela vous semble peut-être incroyable, mais c'est pourtant tellement réel.

Les visiteurs ne sont pas ici pour vous priver de vos capacités reproductrices. Ils sont ici pour s'établir. Ils veulent que l'humanité leur fasse confiance et qu'elle les serve. Ils veulent que l'humanité travaille pour eux. Ils promettront n'importe quoi, ils offriront n'importe quoi et ils feront tout pour atteindre cet objectif. Cependant, bien que leur persuasion soit grande, ils sont peu nombreux. Mais leur influence progresse et leur programme d'hybridation, qui est en cours depuis plusieurs générations déjà, finira par aboutir. Il y aura des êtres humains d'intelligence supérieure mais qui ne représenteront pas la famille humaine. De telles choses sont possibles et se sont produites d'innombrables fois dans la Grande Communauté. Vous n'avez qu'à consulter votre propre histoire pour constater l'impact des cultures et des races les unes sur les autres et pour voir à quel point ces interactions peuvent influencer et dominer.

Nous apportons donc avec nous des nouvelles importantes, des nouvelles sérieuses. Mais vous devez faire preuve de courage, car ce n'est pas le moment d'être ambivalent. Ce n'est pas le moment d'essayer de fuir. Ce n'est pas le moment de vous préoccuper de votre propre bonheur. C'est le moment d'apporter votre contribution au monde, de fortifier la famille humaine et de faire surgir les capacités naturelles qui existent chez les gens – la capacité de voir, de savoir et d'agir en harmonie les uns avec les autres. Ces capacités peuvent contrecarrer l'influence qui est projetée sur l'humanité à cette époque, mais ces capacités doivent croître et être partagées. Ceci est de la plus grande importance.

Voilà notre recommandation. Elle est faite avec de bonnes intentions. Réjouissez-vous d'avoir des alliés dans la Grande Communauté, car vous aurez besoin d'alliés. Vous entrez dans un univers vaste, rempli de forces et d'influences que vous n'avez pas encore appris à contrecarrer. Vous entrez dans un panorama de vie plus vaste. Et vous devez vous préparer à cela. Nos paroles ne sont qu'une partie de la préparation. Une préparation vous est envoyée en ce moment-même. Elle ne vient pas de nous. Elle vient du Créateur de toute vie. Elle arrive juste au bon moment.

Car il est temps maintenant pour l'humanité de devenir forte et sage. Vous avez la capacité d'accomplir cela. Et les événements et les circonstances de votre vie génèrent un immense besoin de cela.

Le défi à la liberté humaine

L'humanité s'apprête à entrer dans une période très dangereuse et très importante de son développement collectif. Vous êtes sur le point d'émerger dans une Grande Communauté de vie intelligente. Vous allez rencontrer d'autres races d'êtres qui viennent jusqu'à votre monde en cherchant à protéger leurs intérêts et à découvrir les opportunités qui pourraient s'offrir à elles. Ce ne sont pas des anges ni des êtres angéliques. Ce ne sont pas des entités spirituelles. Ce sont des êtres qui viennent jusqu'à votre monde pour ses ressources, pour des alliances et pour prendre l'avantage sur un monde en émergence. Ils ne sont pas maléfiques. Ce ne sont pas des saints. En ce sens, ils vous ressemblent beaucoup. Ils sont simplement poussés par leurs besoins, leurs associations, leurs croyances et leurs buts collectifs.

C'est une époque très importante pour l'humanité, mais l'humanité n'est pas préparée. Depuis notre poste d'observation, nous pouvons constater cela à une plus grande échelle. Nous ne nous impliquons pas dans la vie quotidienne des individus de ce monde. Nous n'essayons pas de persuader des gouvernements, de revendiquer certaines parties du monde ou certaines ressources qui existent ici. Au lieu de cela, nous observons, et nous souhaitons rendre compte de ce que nous observons, car telle est notre mission ici.

Les Invisibles nous ont dit que beaucoup de gens aujourd'hui ressentent un inconfort étrange et un vague sentiment d'urgence, le sentiment que quelque chose va se passer et que quelque chose doit être fait. Peut-être n'y a-t-il rien dans leur sphère quotidienne d'expérience qui justifie ces sensations plus profondes, qui confirme l'importance de ces sensations, ou qui appuie leur expression. Nous pouvons comprendre cela parce que nous avons nous-mêmes traversé des choses similaires au cours de notre propre histoire. Nous représentons plusieurs races réunies au sein de notre alliance de petite envergure dont le but est de soutenir l'émergence de la Connaissance et de la Sagesse dans l'univers, particulièrement auprès de races qui se trouvent au seuil de leur émergence dans la Grande Communauté. Ces races émergentes sont particulièrement vulnérables à l'influence et à la manipulation étrangères. Elles sont particulièrement vulnérables à une mauvaise évaluation de leur situation, ce qui est tout à fait compréhensible, car comment pourraient-elles comprendre la signification et la complexité de la vie au sein de la Grande Communauté ? C'est pourquoi nous souhaitons apporter notre modeste contribution à la préparation et à l'éducation de l'humanité.

Dans notre premier exposé, nous vous avons donné une description générale de l'implication des visiteurs dans quatre domaines. Le premier domaine concerne l'influence de gens importants en position de pouvoir au sein des gouvernements et à la tête des institutions religieuses. Le deuxième domaine d'influence concerne les gens qui ont une inclination spirituelle et qui souhaitent s'ouvrir aux grands pouvoirs qui existent dans l'univers. Le troisième domaine d'intervention se rapporte aux établissements que les visiteurs construisent dans le monde en des emplacements stratégiques, proches de lieux très peuplés où leur influence sur l'Environnement Mental peut être exercée. Et pour finir, nous avons parlé de leur programme de croisement génétique avec l'humanité, un programme qui est en cours depuis un certain temps.

Nous comprenons à quel point ces nouvelles peuvent être troublantes, et peut-être décevantes pour beaucoup de gens qui nourrissaient de grands espoirs et attendaient des visiteurs venant d'au-delà de ce monde qu'ils apportent des bénédictions et de grands avantages à l'humanité. Il est peut-être naturel de supposer et d'espérer ces choses, mais la Grande Communauté dans laquelle l'humanité émerge est un environnement difficile et compétitif, particulièrement dans les régions de l'univers où de nombreuses races différentes rivalisent entre elles et interagissent pour échanger et commercer. Votre monde se trouve dans une telle région. Cela peut vous paraître incroyable parce qu'il vous a toujours semblé que vous viviez isolés, seuls dans l'immense vide spatial. Mais en réalité, vous vivez dans une partie habitée de l'univers où les échanges et le commerce ont été établis, et où les traditions, les interactions et les associations sont toutes très anciennes. Et, à votre avantage, vous vivez dans un monde magnifique – un monde d'une grande diversité biologique, un endroit splendide qui contraste avec l'austérité de tant d'autres mondes.

Cependant, cela confère aussi un caractère d'urgence à votre situation et représente un risque réel, car vous possédez ce que beaucoup d'autres veulent pour eux-mêmes. Ils ne cherchent pas à vous détruire mais à gagner votre allégeance et votre alliance afin de pouvoir tirer profit de votre existence et de vos activités ici dans ce monde. Vous émergez dans un ensemble de circonstances matures et compliquées. Ici, vous ne pouvez pas vous comporter comme de petits enfants, en croyant et en espérant recevoir les bienfaits de tous ceux que vous pourriez rencontrer. Vous devez devenir sages et capables de discernement, tout comme nous, au travers des difficultés de nos propres histoires, avons dû devenir sages et capables de discernement. Désormais, l'humanité va devoir apprendre comment fonctionne la Grande Communauté – les complexités de l'interaction entre races, les complexités du commerce et les manipulations subtiles des associations et des alliances qui sont établies entre les mondes. C'est une période difficile mais importante pour l'humanité, une période de grande promesse si une véritable préparation peut être entreprise.

Ici, dans ce deuxième exposé, nous aimerions aborder en détail l'intervention menée dans les affaires humaines par plusieurs groupes de visiteurs, ce que cela peut signifier pour vous et ce que cela exigera. Nous ne venons pas pour susciter la peur mais pour susciter un sentiment de responsabilité, pour susciter une plus grande prise de conscience et pour vous encourager à vous préparer à la vie dans laquelle vous entrez, une vie plus grande, mais une vie présentant également des problèmes et des défis plus grands.

Nous avons été envoyés ici par la force et la présence spirituelles des Invisibles. Peut-être penserez-vous à eux de manière amicale comme étant des anges, mais dans la Grande Communauté leur rôle est encore plus grand et leur implication et leurs alliances sont profondes et pénétrantes. Leur pouvoir spirituel est là pour bénir les êtres doués de conscience[1] en tout monde et en tout lieu et pour encourager le développement de la Connaissance et de la Sagesse profondes qui rendront possible l'émergence pacifique de relations, à la fois entre les différents mondes et à l'intérieur de ces mondes. Nous sommes ici en leur nom. Ils nous ont demandé de venir. Et ce sont eux qui nous ont communiqué la majeure partie des informations dont nous disposons, des informations que nous ne pouvions pas rassembler nous-mêmes. Grâce à eux, nous avons beaucoup appris sur votre nature. Nous avons beaucoup appris sur vos capacités, vos forces, vos faiblesses et votre grande vulnérabilité. Nous pouvons comprendre ces choses parce que les mondes d'où nous venons ont franchi ce grand seuil d'émergence dans la Grande Communauté. Nous avons beaucoup appris, et nous avons beaucoup souffert à cause de nos propres erreurs, des erreurs que, nous l'espérons, l'humanité saura éviter.

Nous venons donc non seulement avec notre propre expérience, mais aussi avec une conscience plus profonde et un sentiment plus profond du but qui nous a été donné par

---

1 : sentient beings

les Invisibles. Nous observons votre monde d'un emplacement proche, et nous surveillons les communications de ceux qui vous visitent. Nous savons qui ils sont. Nous savons d'où ils viennent et pourquoi ils sont ici. Nous ne sommes pas en concurrence avec eux, car nous ne sommes pas ici pour exploiter le monde. Nous nous considérons comme étant les Alliés de l'humanité, et nous espérons qu'avec le temps vous nous considérerez comme tels, car c'est ce que nous sommes. Et bien que nous ne puissions pas vous le prouver, nous espérons vous le démontrer à travers nos paroles et à travers la sagesse de nos conseils. Nous espérons vous préparer à ce qui vous attend. Nous prenons part à notre mission avec un sentiment d'urgence, car l'humanité est très en retard dans sa préparation à la Grande Communauté. Les nombreuses tentatives faites il y a plusieurs décennies pour entrer en contact avec les êtres humains et les préparer à leur avenir se sont avérées infructueuses. Seules quelques personnes ont pu être contactées, et selon ce qu'on nous en a dit, beaucoup de ces contacts ont été mal interprétés et ont été utilisés par d'autres pour servir des buts différents.

C'est pourquoi nous avons été envoyés à la place de ceux qui sont venus avant nous pour offrir notre aide à l'humanité. Nous travaillons ensemble pour cette cause commune. Nous ne représentons pas une grande puissance militaire, mais plutôt une alliance secrète et sacrée. Nous ne voulons pas voir se perpétrer, ici dans votre monde, le genre d'agissements existant au sein de la Grande Communauté. Nous ne voulons pas voir l'humanité perdre sa liberté et son autodétermination. Ce sont là des risques réels. Pour cette raison, nous vous encourageons à considérer sérieusement nos paroles, sans peur, si c'est possible, et avec le genre de conviction et de détermination qui résident, nous le savons, dans le cœur de tout être humain.

Une activité intense menée par ceux qui visitent votre monde au service de leurs propres objectifs est en cours aujourd'hui et se poursuivra demain et les jours suivants de façon à établir un réseau d'influence sur la race humaine. Ils ont le sentiment de venir ici pour sauver le monde de l'humanité. Certains croient même qu'ils sont ici pour sauver l'humanité d'elle-même. Ils estiment être dans leur droit et ils ne considèrent pas que leurs actions soient inappropriées ou immorales. Selon leur éthique, ils font ce qui est considéré comme étant raisonnable et important. Cependant, pour des êtres épris de liberté, une telle approche n'est pas justifiable.

Nous observons les activités des visiteurs, qui ne cessent de croître. Chaque année, ils sont de plus en plus nombreux ici. Ils viennent de loin. Ils apportent du ravitaillement. Ils approfondissent leur engagement et leur participation. Ils établissent des postes de communication en de nombreux endroits de votre système solaire. Ils observent toutes vos premières incursions dans l'espace et ils vont contrecarrer et détruire tout ce qui, selon eux, interférera avec leurs activités. Ils cherchent à établir un contrôle non seulement de votre monde mais également de la région qui l'entoure. C'est parce qu'il y a ici des forces qui rivalisent. Chacune d'elles représente une alliance de plusieurs races.

A présent, abordons le dernier des quatre domaines mentionnés dans notre premier exposé. Cela concerne le croisement génétique avec l'espèce humaine. Commençons par un peu d'histoire. Il y a des milliers d'années, selon votre échelle de temps, plusieurs races vinrent se croiser avec l'humanité pour donner à l'humanité une plus grande intelligence et une meilleure faculté d'adaptation. Cela mena à l'apparition plutôt soudaine de celui que vous appelez « l'homme moderne. » Cela vous a donné la dominance et le pouvoir dans votre monde. C'était il y a fort longtemps.

Cependant, le programme de croisement génétique en cours en ce moment n'est pas du tout le même. Il est dirigé par un groupe d'êtres différents et par diverses alliances. Grâce au croisement génétique, ceux-ci cherchent à créer un être humain qui fera partie de leur communauté tout en étant capable de survivre dans votre monde et de posséder une affinité naturelle avec ce dernier. Vos visiteurs ne peuvent pas vivre à la surface de votre monde. Ils doivent soit chercher à s'abriter sous terre, ce qu'ils font, soit vivre à bord de leur vaisseau qu'ils cachent souvent sous de grandes profondeurs d'eau. Ils veulent se croiser avec l'humanité pour protéger leurs intérêts ici, qui sont principalement les ressources de votre monde. Ils veulent s'assurer de l'allégeance humaine, et c'est pourquoi, depuis plusieurs générations, ils se sont impliqués dans un programme de croisement qui s'est considérablement développé au cours des vingt dernières années.

Ils visent deux objectifs. Tout d'abord, comme nous l'avons mentionné, les visiteurs veulent créer un être d'apparence humaine capable de vivre dans votre monde tout en étant lié à eux et qui possédera un plus large éventail de sensibilités et de capacités. Le deuxième objectif de ce programme est d'influencer tous ceux qu'ils rencontrent et d'encourager les gens à les assister dans leur entreprise. Les visiteurs veulent l'assistance humaine, ils en ont besoin. Cela fait avancer leur programme sous tous ses aspects. Ils vous accordent une certaine valeur. Cependant, ils ne vous considèrent pas comme leurs pairs ou leurs égaux. Utiles, c'est ainsi que vous êtes perçus. Donc, chez tous ceux qu'ils rencontreront, chez tous ceux qu'ils enlèveront, les visiteurs chercheront à faire naître ce sentiment de leur supériorité, de leur valeur ainsi que de la valeur et de l'importance de ce qu'ils sont en train d'entreprendre dans le monde. Les visiteurs diront à tous ceux qu'ils contacteront qu'ils sont ici pour leur bien, et ils assureront ceux qu'ils ont capturés qu'ils n'ont rien à craindre. Et avec ceux qui semblent particulièrement réceptifs, ils essaieront d'établir des alliances – un sens partagé du but, voire même un sens partagé d'identité et de famille, d'héritage et de destinée.

Dans le cadre de leur programme, les visiteurs ont étudié en profondeur la physiologie et la psychologie humaine, et ils tireront parti de ce que les gens veulent, en particulier de ces choses que les gens veulent mais qu'ils n'ont pas été capables d'obtenir par eux-mêmes, telles que la paix et l'ordre, la beauté et la tranquillité. Ces choses seront offertes et certains y croiront. D'autres aspirations seront simplement utilisées en fonction des besoins.

Ici vous devez comprendre que les visiteurs sont convaincus que c'est une façon parfaitement appropriée de préserver le monde. Ils estiment qu'ils rendent un grand service à l'humanité, ils sont donc sincères dans leurs convictions. Malheureusement, cela démontre une grande vérité à propos de la Grande Communauté – celle que la véritable Sagesse et la véritable Connaissance sont aussi rares dans l'univers qu'elles vous semblent l'être dans votre monde. Il est naturel pour vous d'espérer et de vous attendre à ce que les autres races aient dépassé la perfidie, les poursuites égoïstes, la compétition et le conflit. Mais, hélas, ce n'est pas le cas. Une technologie supérieure n'élève pas la force mentale et spirituelle des individus.

Aujourd'hui, de nombreuses personnes sont enlevées contre leur volonté de façon répétée. Puisque que l'humanité est très superstitieuse et qu'elle cherche à nier les choses qu'elle ne peut pas comprendre, cette sinistre activité se poursuit avec un succès considérable. En ce moment même, il y a des individus hybrides, en partie humains, en partie extraterrestres, qui vivent parmi vous. Ils sont peu nombreux, mais leur nombre augmentera au fil du temps. Peut-être qu'un jour vous rencontrerez l'un d'entre eux. Ils vous ressembleront mais ils seront différents. Vous penserez que ce sont des êtres humains, mais quelque chose d'essentiel semblera leur manquer, quelque chose qui est estimé dans votre monde. Il est possible de discerner et d'identifier ces individus, mais pour pouvoir le faire, il vous faudrait développer vos aptitudes dans l'Environnement Mental et apprendre ce que la Connaissance et la Sagesse signifient dans la Grande Communauté.

Nous avons le sentiment qu'apprendre cela est d'une importance capitale, car nous voyons tout ce qui se passe dans votre monde depuis notre poste d'observation, et les Invisibles nous renseignent concernant ce que nous ne pouvons pas voir ou ce qui nous est inaccessible. Nous comprenons ces événements, car ils se sont produits d'innombrables fois dans la Grande Communauté, lorsque l'influence et la persuasion sont exercées sur des races qui sont soit trop faibles, soit trop vulnérables pour y réagir efficacement.

Nous espérons et nous sommes confiants qu'aucun d'entre vous entendant ce message ne pensera que ces intrusions dans la vie humaine sont bénéfiques. Ceux qui sont affectés seront influencés pour qu'ils pensent que ces rencontres sont bénéfiques, à la fois pour eux-mêmes et pour le monde. Les aspirations spirituelles des gens, leur désir de paix et d'harmonie, de famille et d'inclusion : les visiteurs utiliserons tout cela. Sans la Sagesse et la préparation, ces éléments qui représentent quelque chose de si spécial pour la famille humaine sont un signe de votre grande vulnérabilité. Seuls ces individus qui sont forts en la Connaissance et possèdent la Sagesse sont en mesure de voir la tromperie derrière ces persuasions. Eux seuls sont en position de voir la tromperie qui est perpétrée contre la famille humaine. Eux seuls peuvent protéger leur esprit contre l'influence qui est projetée dans l'Environnement Mental en de si nombreux endroits dans le monde aujourd'hui. Eux seuls pourront voir et savoir.

Nos paroles ne suffiront pas. Les hommes et les femmes doivent apprendre à voir et à savoir. Nous pouvons seulement encourager cela. Notre venue à votre monde s'est faite parallèlement à la présentation de l'enseignement de la Spiritualité de la Grande Communauté, car la préparation est désormais disponible ici et c'est pourquoi nous pouvons être une source d'encouragement. Si la préparation n'était pas là, nous saurions que nos avertissements et notre encouragement ne seraient pas adéquats et n'aboutiraient pas. Le Créateur et les Invisibles veulent préparer l'humanité à la Grande Communauté. Il s'agit en fait du besoin le plus important de l'humanité à cette époque.

Par conséquent, nous vous encourageons à ne pas croire que l'enlèvement d'êtres humains, de leurs enfants et de leurs familles, comporte un quelconque bénéfice pour l'humanité. Nous devons insister sur ce point. Votre liberté est précieuse. Votre liberté individuelle et votre liberté en tant que race sont précieuses. Cela nous a pris tellement de temps pour reconquérir notre liberté. Nous ne voulons pas vous voir perdre la vôtre.

Le programme de croisement génétique qui est en cours dans le monde se poursuivra. La seule manière de le stopper est que les gens acquièrent cette plus grande conscience et ce plus grand sens de l'autorité intérieure. C'est le seul moyen de mettre fin à ces intrusions. Cela seul mettra à jour la tromperie que celles-ci cachent. Il est difficile pour nous d'imaginer combien tout cela doit être terrible pour votre peuple, pour ces hommes et ces femmes, pour ces petits, qui subissent ce traitement, cette rééducation, cette pacification. Selon nos valeurs, cela paraît odieux, et pourtant nous savons que ces choses se produisent dans la Grande Communauté et qu'elles se sont produites aussi loin qu'on s'en souvienne.

Peut-être que nos paroles susciteront de plus en plus de questions. Cela est sain et naturel, mais nous ne pouvons pas répondre à toutes vos questions. Vous devez trouver le moyen d'obtenir les réponses par vous-mêmes. Mais vous ne pouvez pas le faire sans une préparation, et vous ne pouvez pas le faire sans une orientation. Actuellement, il nous semble que l'humanité dans son ensemble est incapable de faire la différence entre une manifestation provenant de la Grande Communauté et une manifestation spirituelle. La situation est vraiment difficile étant donné que vos visiteurs peuvent projeter des images, qu'ils peuvent parler aux gens à travers l'Environnement Mental et que leurs voix peuvent être reçues et exprimées à travers les gens. Ils peuvent projeter ce type d'influence parce que l'humanité n'a pas encore ce type de capacité ou de discernement.

L'humanité n'est pas unie. Elle est fracturée. Elle est en conflit avec elle-même. Cela vous rend extrêmement vulnérables aux interférences et aux manipulations extérieures. Vos visiteurs comprennent que vos aspirations et vos inclinations spirituelles vous rendent particulièrement vulnérables et font de vous des sujets particulièrement intéressants pour leur usage. Il est tellement difficile d'acquérir une véritable objectivité par rapport à ces choses. Même là d'où nous venons, cela a représenté un grand défi. Mais ceux qui souhaitent rester libres et exercer leur autodétermination au sein de la Grande Communauté doivent développer ces compétences, et ils doivent préserver leurs propres ressources pour éviter d'avoir à se les procurer auprès des autres. Si votre monde perd son autosuffisance, il perdra une grande partie de sa liberté. Si vous devez aller au-delà de votre monde en quête de ressources dont vous avez besoin pour vivre, alors vous céderez beaucoup de votre pouvoir à d'autres. Étant donné que les ressources de votre monde diminuent rapidement, cela constitue une source de vive préoccupation parmi ceux d'entre nous qui vous observent de loin. Cela inquiète également vos visiteurs, car ils veulent empêcher la destruction de votre environnement, non pas pour vous, mais pour eux.

Le programme de croisement génétique n'a qu'un seul but, qui est celui de permettre aux visiteurs d'établir une présence et une influence dominante dans le monde. Ne pensez pas qu'il leur manque quelque chose d'autre que vos ressources. Ne pensez pas qu'ils ont besoin de votre humanité. Ils ne veulent votre humanité que pour assurer leur position dans le monde. N'en soyez pas flattés. Ne vous complaisez pas dans de telles pensées. Elles sont injustifiées. Si vous pouvez apprendre à voir la situation clairement, telle qu'elle est réellement, vous verrez et vous saurez ces choses par vous-mêmes. Vous comprendrez pourquoi nous sommes ici et pourquoi l'humanité a besoin d'alliés dans la Grande Communauté de vie intelligente. Et vous verrez l'importance d'acquérir la Connaissance et la Sagesse plus profondes et à quel point il est essentiel d'apprendre la Spiritualité de la Grande Communauté.

Étant donné que vous émergez dans un environnement où ces choses deviennent vitales pour la réussite, la liberté, le bonheur et la force, vous aurez besoin de la Connaissance et de la Sagesse plus profondes afin de vous établir en tant que race indépendante dans la Grande Communauté. Cependant, vous êtes en train de perdre votre indépendance jour après jour. Et peut-être ne voyez-vous pas la perte de votre liberté, bien que vous puissiez la ressentir d'une certaine manière. Comment pourriez-vous voir cela ? Vous ne pouvez pas quitter votre monde et être témoins des événements qui l'entourent. Vous n'avez pas accès aux engagements politiques et commerciaux des forces étrangères qui opèrent dans votre monde aujourd'hui pour comprendre leur complexité, leur éthique ou leurs valeurs.

N'allez jamais croire qu'une race dans l'univers voyageant à des fins commerciales est spirituellement avancée. Ceux qui cherchent le commerce cherchent l'avantage. Ceux qui voyagent d'un monde à l'autre, ceux qui sont des prospecteurs de ressources, ceux qui cherchent à planter leurs propres drapeaux ne sont pas ceux que vous considéreriez comme étant spirituellement avancés. Nous ne les considérons pas comme étant spirituellement avancés. Il y a le pouvoir de ce monde, et il y a le pouvoir spirituel. Vous pouvez faire la différence entre ces choses, et maintenant il est nécessaire de voir cette différence dans le contexte d'un environnement plus vaste.

Nous venons donc avec un sens de l'engagement ainsi qu'avec un réel encouragement à maintenir votre liberté, à devenir forts et capables de discernement, et à ne pas céder aux persuasions ou aux promesses de paix, de pouvoir et d'inclusion venant de ceux que vous ne connaissez pas. Et ne vous réconfortez pas en pensant que tout cela se terminera bien pour l'humanité, ou même pour vous personnellement, car ce n'est pas là la Sagesse. Car le Sage, où qu'il soit, doit apprendre à voir la réalité de la vie autour de lui et à se frayer un chemin à travers cette vie de façon bénéfique.

Par conséquent, recevez nos encouragements. Nous reparlerons des points abordés et nous illustrerons l'importance d'acquérir le discernement et la discrétion. Et nous parlerons davantage de l'implication de vos visiteurs dans le monde dans des domaines qu'il est très important que vous compreniez. Nous espérons que vous pourrez recevoir nos paroles.

Un grand avertissement

Nous tenions à vous communiquer de plus amples informations sur la situation de votre monde et vous aider à voir, si possible, ce que nous voyons depuis notre poste d'observation. Nous reconnaissons qu'il s'agit de quelque chose de difficile à recevoir et que cela causera beaucoup d'anxiété et d'inquiétude, mais vous devez être informés.

Nous estimons que la situation est très grave et nous pensons qu'il serait vraiment désastreux que les gens ne soient pas correctement informés. Il y a tant de tromperie dans le monde dans lequel vous vivez, tout comme dans beaucoup d'autres mondes, que la vérité, bien qu'apparente et évidente, n'est pas reconnue pour ce qu'elle est, et ses signes et ses messages passent inaperçus. Nous espérons donc que notre présence aidera à clarifier la situation et vous aidera, vous et les autres, à voir ce qui se passe vraiment. Notre perception n'est pas altérée par les compromis, car nous avons été envoyés pour être témoins des faits mêmes que nous décrivons.

Avec le temps, peut-être pourriez-vous savoir ces choses par vous-mêmes, mais vous ne disposez pas de suffisamment de temps. Désormais, le temps presse. L'humanité est très en retard dans sa préparation à l'arrivée des forces de la Grande Communauté. Beaucoup de gens importants n'ont pas répondu. Et l'intrusion dans ce monde a accéléré à un rythme bien plus élevé que nous ne l'avions pensé possible au départ.

Nous venons avec peu de temps devant nous, et cependant nous venons vous encourager à partager ces informations. Comme nous l'avons indiqué dans nos messages précédents, le monde est infiltré et l'Environnement Mental est conditionné et préparé. L'intention n'est pas d'éliminer les êtres humains, mais de les utiliser, d'en faire de la main d'œuvre au service d'un plus grand « collectif ». Les visiteurs accordent de la valeur aux institutions du monde, et plus encore à l'environnement naturel, et ils préfèrent les préserver pour leur usage. Ils ne peuvent pas vivre ici, aussi, pour gagner votre allégeance, ils ont recours à la plupart des techniques que nous avons décrites. Nous continuerons à clarifier ces points au cours de notre description.

Notre arrivée ici fut contrariée par plusieurs facteurs, et le manque de préparation de ceux que nous devons atteindre directement n'est pas le moindre. Notre porte-parole, l'auteur de ce livre, est le seul avec qui nous ayons pu établir un contact solide. Il y en a quelques autres qui se montrent prometteurs, mais nous devons transmettre l'information fondamentale à notre porte-parole.

D'après nos informations, vos visiteurs considèrent les États-Unis comme le leader mondial, ils insisteront donc particulièrement sur ce pays. Mais d'autres nations importantes seront également contactées, car vos visiteurs reconnaissent qu'elles possèdent du pouvoir, et le pouvoir est un élément qu'ils comprennent, puisqu'ils suivent les directives du pouvoir sans poser de question et à un degré bien plus élevé que ce qui se voit dans votre monde.

Les visiteurs tenteront de persuader les dirigeants des nations les plus fortes afin qu'ils deviennent réceptifs à leur présence et qu'ils reçoivent des cadeaux et des avantages les incitant à la coopération avec la promesse de bénéfices mutuels et même, pour quelques-uns, la promesse d'une domination mondiale. Dans les allées du pouvoir de ce monde, certains répondront à ces incitations, car ils considèreront qu'il s'agit d'une grande opportunité pour l'humanité de s'éloigner du spectre d'une guerre nucléaire et d'aller vers la création d'une nouvelle communauté sur Terre, une communauté qu'ils dirigeront selon leurs intérêts personnels. Cependant, ces dirigeants seront dupés car ils ne recevront pas les clefs de ce royaume. Ils seront simplement les arbitres lors de la passation de pouvoir.

Vous devez comprendre cela. Ce n'est pas si complexe. Depuis notre poste d'observation et de notre perspective, c'est évident. Nous avons vu cela se produire ailleurs. Cette méthode est l'une des façons dont les organisations établies de races possédant leurs propres collectifs recrutent des mondes qui sont, comme le vôtre, en voie d'émergence. Ils croient fermement que leur programme est vertueux et profitera à votre monde, car l'humanité n'est pas vraiment respectée, et bien que vous soyez vertueux à certains égards, vos handicaps l'emportent largement sur votre potentiel, de leur point de vue. Nous ne partageons pas cette opinion ou nous ne nous positionnerions pas tel que nous le faisons, et nous ne vous offririons pas nos services en tant qu'Alliés de l'humanité.

Par conséquent, vous êtes maintenant confrontés à un grand défi, à une grande difficulté en matière de discernement. Le défi pour l'humanité est de comprendre qui sont réellement ses alliés et d'être capable de les distinguer de ses adversaires potentiels. Il n'y a pas de parties neutres dans ce domaine. Le monde est bien trop précieux, ses ressources sont reconnues comme étant uniques et d'une valeur considérable. La vraie nature de l'Intervention étrangère est d'exercer son influence et son contrôle pour finalement établir sa domination ici.

Nous ne sommes pas de ces visiteurs. Nous sommes des observateurs. Nous ne revendiquons aucun droit sur votre monde, et nous ne projetons pas de nous implanter ici. C'est pourquoi nos noms ne sont pas révélés, car nous ne cherchons pas à établir des relations avec vous en dehors de notre capacité à vous conseiller par ce biais. Nous ne pouvons pas contrôler le dénouement de cette situation. Nous pouvons seulement vous conseiller concernant les choix et les décisions que votre peuple doit prendre à la lumière de ces grands événements.

L'humanité est très prometteuse et a cultivé un riche héritage spirituel, mais elle n'est pas éduquée à la réalité de la Grande Communauté dans laquelle elle est en train d'émerger. L'humanité est divisée et portée au conflit interne, ce qui la rend vulnérable à la manipulation et à l'intrusion venant de l'extérieur de vos frontières. Vos peuples sont préoccupés par les soucis du quotidien, mais la réalité de demain vous échappe. Quel bénéfice pourriez-vous donc retirer en fermant les yeux sur ce qui se passe à une plus grande échelle dans le monde et en supposant que l'Intervention qui se produit aujourd'hui vous est bénéfique ? Certainement, aucun d'entre vous ne penserait ainsi si vous pouviez seulement voir la réalité de la situation.

En un sens, c'est une question de perspective. Nous pouvons voir et vous ne le pouvez pas, car vous n'avez pas la perspective nécessaire. Il vous faudrait aller au-delà de votre monde, sortir de la sphère d'influence de votre monde, pour voir ce que nous voyons. Et cependant, pour voir ce que nous voyons, nous devons rester cachés car si nous étions découverts, nous péririons certainement. Car vos visiteurs considèrent leur mission ici comme étant de la plus haute importance, et ils considèrent la Terre comme étant leur plus grande perspective parmi bien d'autres. Ils ne s'arrêteront pas à cause de nous. C'est donc votre propre liberté à laquelle vous devez accorder de la valeur et que vous devez défendre. Nous ne pouvons pas le faire pour vous.

Tout monde qui cherche à instaurer sa propre unité, sa propre liberté et sa propre autodétermination dans la Grande Communauté, doit établir cette liberté et la défendre si nécessaire. Autrement, une domination extérieure s'établira inévitablement, et elle sera totale.

Pourquoi vos visiteurs veulent-ils votre monde ? C'est tellement évident. Ce n'est pas vous tout particulièrement qui les intéressez. Ce sont les ressources biologiques de votre monde.

C'est la position stratégique de ce système solaire. Vous ne leur êtes utiles que dans la mesure où ces éléments ont une valeur à leurs yeux et qu'ils peuvent être utilisés. Ils vous offriront ce que vous voulez et ils diront ce que vous voulez entendre. Ils vous appâteront, et ils utiliseront vos religions et vos idéaux religieux pour nourrir votre confiance et votre foi en le fait qu'ils comprennent mieux que vous les besoins de votre monde et qu'ils seront capables de répondre à ces besoins pour amener une plus grande équanimité ici. Comme l'humanité semble incapable d'établir elle-même l'unité et l'ordre, beaucoup de gens ouvriront leur esprit et leur cœur à ceux qu'ils pensent être les plus à même d'accomplir cela.

Dans le deuxième exposé, nous avons parlé brièvement du programme de croisement génétique. Certaines personnes ont entendu parler de ce phénomène, et il semblerait qu'il y ait eu quelques débats à ce sujet. Les Invisibles nous ont dit qu'il y a une prise de conscience croissante de l'existence d'un tel programme mais, chose incroyable, les gens sont incapables d'en voir les implications évidentes, étant tellement aveuglés par leurs préférences en la matière et de ce fait mal préparés pour faire face à ce qu'une telle intervention pourrait signifier. Clairement, un programme de croisement génétique est une tentative de fusionner la faculté d'adaptation de l'humanité au monde physique avec la conscience collective et l'esprit de groupe des visiteurs. Une telle progéniture serait en parfaite position pour mettre en place le nouveau leadership de l'humanité, un leadership né des intentions des visiteurs et de leur campagne. Ces individus auraient des liens de sang dans le monde, et de cette façon, les autres leur seraient apparentés et accepteraient leur présence. Cependant, leur esprit ne serait pas avec vous, pas plus que ne le serait leur cœur. Et bien qu'ils puissent ressentir de la sympathie pour vous, en raison de votre condition actuelle et de ce que celle-ci pourrait bel et bien devenir, ils n'auraient pas l'autorité individuelle – n'ayant pas été formés à la Voie de la Connaissance et de la Perception[1] – pour vous aider ou pour résister à la conscience collective qui les a adoptés ici et qui leur a donné la vie.

Voyez-vous, les visiteurs n'accordent aucune valeur à la liberté individuelle. Ils la considèrent comme étant imprudente et irresponsable. Ils ne comprennent que leur propre conscience collective qu'ils considèrent comme privilégiée et bénie. Et pourtant, ils ne peuvent pas accéder à la vraie spiritualité, qui est appelée la Connaissance dans l'univers, car la Connaissance naît d'un processus individuel de découverte de soi et elle est concrétisée au travers de relations de grande qualité. Aucun de ces phénomènes n'est présent dans la structure sociale des visiteurs. Ils ne peuvent pas penser par eux-mêmes. Leur volonté ne leur appartient pas en propre. Ils ne peuvent donc naturellement pas respecter l'idée de développer ces deux grands phénomènes dans votre monde, et ils ne sont certainement pas en position d'encourager de telles choses. Ils ne recherchent que la conformité et l'allégeance. Et les enseignements spirituels qu'ils promouvront dans le monde ne serviront qu'à rendre les êtres humains obéissants, ouverts et naïfs, afin d'obtenir une confiance qui n'a jamais été gagnée.

---

1 : The Way of Knowledge and Insight

Nous avons vu ces choses se produire auparavant, en d'autres endroits. Nous avons vu des mondes entiers tomber sous le contrôle de tels collectifs. Ces derniers sont nombreux dans l'univers. Étant donné que ces collectifs font du commerce à l'échelle interplanétaire et s'étendent sur de vastes régions, ils adhèrent à une conformité stricte et sans le moindre écart possible. Il n'y a aucune individualité parmi eux, du moins sous aucune forme que vous puissiez reconnaître.

Nous ne sommes pas sûrs de pouvoir vous donner un exemple tiré de votre propre monde illustrant ce à quoi cela pourrait ressembler, mais on nous a dit qu'il y a certains intérêts commerciaux qui couvrent différentes cultures dans votre monde, qui exercent un immense pouvoir et qui pourtant ne sont régis que par quelques individus. Il s'agit peut-être là d'une bonne analogie pour ce que nous décrivons. Cependant, ce que nous décrivons est tellement plus puissant, pénétrant et fermement établi que tout exemple que vous pourriez tirer de votre monde.

Il est vrai que, où que ce soit, la peur peut être une force destructrice pour toute vie intelligente. Cependant, la peur ne sert qu'un seul et unique but si elle est perçue correctement, celui de vous informer de la présence d'un danger. Nous sommes préoccupés, et c'est la nature même de notre peur. Nous comprenons ce qui est en jeu. Telle est la nature de notre préoccupation. Votre peur vient du fait que vous ne savez pas ce qui est en train de se passer, c'est donc une peur destructrice. C'est une peur qui ne peut pas vous rendre forts et responsables ni vous donner la perception dont vous avez besoin pour comprendre ce qui se passe dans votre monde. Si vous parvenez à vous informer, la peur se transforme alors en inquiétude et cette inquiétude se transforme en action constructive. Nous ne connaissons pas d'autre façon de décrire cela.

Le programme de croisement génétique commence à montrer de très bons résultats. Des individus nés de la conscience des visiteurs et de leur entreprise collective se trouvent déjà parmi vous, sur Terre. Il leur est impossible de vivre ici durant de longues périodes, mais d'ici quelques années, ils seront capables de demeurer à la surface de votre monde de façon permanente. La perfection de leur ingénierie génétique sera telle qu'ils paraîtront seulement légèrement différents de vous, plus dans leur manière d'être et dans leur présence que dans leur apparence physique, à tel point qu'ils passeront vraisemblablement inaperçus et qu'ils ne seront pas reconnus. Cependant, ils posséderont de plus grandes facultés mentales. Et cela leur donnera un avantage que vous ne pourriez égaler à moins que vous n'ayez été formés à la Voie de la Perception[1].

Telle est la plus grande réalité dans laquelle l'humanité émerge – un univers rempli de merveilles et d'horreurs, un univers d'influence, un univers de compétition, mais également un univers rempli de Grâce, tout comme l'est votre propre monde, mais à une échelle infiniment plus grande. Le paradis que vous cherchez n'est pas ici. En revanche, les forces que vous devez affronter le sont. C'est le plus grand seuil que votre race aura jamais à franchir. Chacun de nous, au sein du groupe, a fait face à cette situation dans son monde d'origine, il y a eu bien

---

1 : The Way of Insight

des échecs, et seulement quelques réussites. Les races d'êtres qui peuvent maintenir leur liberté et leur isolement doivent devenir fortes et unies, et elles auront vraisemblablement à se retirer, dans une très large mesure, des interactions avec la Grande Communauté pour protéger cette liberté.

Si vous réfléchissez à tout cela, peut-être y verrez-vous des corollaires dans votre propre monde. Les Invisibles nous ont beaucoup parlé de votre développement spirituel et à quel point celui-ci est prometteur, mais ils nous ont aussi informés que vos prédispositions et vos idéaux spirituels sont grandement manipulés en ce moment. Il existe des enseignements complets, actuellement introduits dans le monde, qui enseignent le consentement humain et la suspension du sens critique pour n'accorder de la valeur qu'à ce qui est agréable et confortable. Ces enseignements sont fournis afin de neutraliser la capacité des gens à accéder à la Connaissance au plus profond d'eux-mêmes, jusqu'à ce qu'ils en arrivent à se sentir complètement dépendants de plus grandes forces qu'ils sont incapables d'identifier. À partir de là, ils suivront tout ce qui leur sera indiqué, et même s'ils sentent que quelque chose ne va pas, ils n'auront plus le pouvoir de résister.

L'humanité vit depuis longtemps dans l'isolement. Peut-être croyez-vous qu'une telle Intervention ne peut avoir lieu et que chaque individu est seul maître de sa propre conscience et de son propre mental. Ce ne sont là que des présomptions. Cependant, il nous a été rapporté que les Sages dans votre monde ont appris à dépasser ces suppositions et qu'ils ont acquis la force d'établir leur propre Environnement Mental.

Nous craignons que nos paroles n'arrivent trop tard et n'aient pas suffisamment d'impact, et que celui que nous avons choisi pour nous recevoir ne dispose que de trop peu d'assistance et de soutien pour rendre cette information disponible. Il se heurtera au scepticisme et au ridicule, car il ne sera pas cru, et ce dont il parlera contredira ce que bon nombre de personnes tiennent pour véridique. Ceux qui ont succombé à la persuasion étrangère, ceux-là en particulier, s'opposeront à lui, car ils n'ont aucun choix en la matière.

Vu la gravité de la situation, le Créateur de toute vie a envoyé une préparation, un enseignement portant sur la capacité spirituelle et le discernement, le pouvoir et l'accomplissement. Nous-mêmes sommes étudiants d'un enseignement tel que celui-ci, comme beaucoup d'autres partout dans l'univers. Cet enseignement est une forme d'intervention Divine. Il n'appartient à aucun monde en particulier. Il n'est la propriété d'aucune race en particulier. Il n'est pas centré autour d'un héros, d'une héroïne ou d'un individu unique. Une telle préparation est maintenant disponible. Vous en aurez besoin. Selon nous, c'est actuellement la seule chose qui puisse donner à l'humanité la possibilité de développer la sagesse et le discernement pour votre nouvelle vie au sein de la Grande Communauté.

Comme cela s'est produit dans votre monde au cours de votre propre histoire, les premiers à atteindre de nouvelles terres sont les explorateurs et les conquérants. Ils ne viennent pas pour des raisons altruistes. Ils viennent en quête de pouvoir, de ressources et de domination. C'est la nature de la vie. Si vous étiez bien informés de la situation au sein de la Grande Communauté, vous

vous opposeriez à toute visite de votre monde à moins qu'un accord mutuel n'ait été préalablement établi. Vous en sauriez assez pour ne pas permettre que votre monde soit si vulnérable.

Il y a à l'heure actuelle, plus d'un collectif rivalisant pour obtenir l'avantage ici. Cela place l'humanité au beau milieu d'un ensemble de circonstances très inhabituelles et pourtant très révélatrices. C'est pourquoi les messages des visiteurs paraîtront souvent contradictoires. Il y a eu des conflits entre eux, néanmoins ils négocieront les uns avec les autres si des bénéfices mutuels sont définis. Toutefois, ils restent toujours en compétition. Pour eux, c'est là que se situe la limite. À leurs yeux, votre valeur ne tient qu'à votre utilité. Si vous n'êtes plus considérés comme étant utiles, alors ils se débarrasseront tout simplement de vous.

Faire la différence entre une présence spirituelle et une présence provenant de la Grande Communauté représente un grand défi pour les gens de votre monde, et particulièrement pour ceux qui occupent des positions de pouvoir et de responsabilité. Mais comment pouvez-vous disposer du contexte nécessaire pour pouvoir faire cette distinction ? Où pouvez-vous apprendre de telles choses ? Qui dans votre monde est en position de vous apprendre ce qu'est la réalité de la Grande Communauté ? Seul un enseignement venant d'au-delà du monde peut vous préparer à la vie existant en dehors de ce monde, et la vie existant en dehors de ce monde est actuellement dans votre monde, cherchant à s'établir ici, cherchant à étendre son influence, cherchant à conquérir partout l'esprit, le cœur et l'âme des gens. C'est si simple, mais pourtant si dévastateur.

Par conséquent, notre tâche est de vous transmettre un grand avertissement à travers ces messages, mais l'avertissement ne suffit pas. Il doit y avoir une prise de conscience au sein de votre peuple. Il doit y avoir une compréhension de la réalité à laquelle vous faites maintenant face, au moins parmi un nombre suffisant de personnes. Il s'agit du plus grand événement de l'histoire de l'humanité – la plus grande menace pour la liberté humaine et la plus grande opportunité d'établir l'unité et la coopération humaines. Nous reconnaissons ces grands avantages et ces grandes possibilités, mais avec chaque jour qui passe, leur promesse s'estompe – à mesure que de plus en plus de gens sont capturés et que leur conscience est reconditionnée et reconstituée, alors qu'un nombre croissant de gens prennent connaissance des enseignements spirituels dont les visiteurs font la promotion et à mesure que de plus en plus de gens deviennent plus dociles et moins capables de discernement.

Nous sommes venus à la demande des Invisibles pour servir en qualité d'observateurs. Si nous réussissons, nous resterons à proximité de votre monde seulement le temps nécessaire pour continuer à vous donner ces informations. Passé cette étape, nous retournerons dans nos mondes respectifs. Si nous échouons, si la vague se retourne contre l'humanité et si la grande obscurité submerge le monde, l'obscurité de la domination, alors nous devrons repartir, sans avoir accompli notre mission. Dans les deux cas, nous ne pouvons pas rester avec vous, toutefois, si vous vous montrez prometteurs, nous resterons jusqu'à ce que vous soyez protégés, jusqu'à ce que vous puissiez subvenir à vos propres besoins. Cela inclut nécessairement que vous soyez autosuffisants. Si vous deveniez dépendants d'échanges commerciaux avec d'autres races, cela entraînerait un risque très grand de manipulation extérieure, car l'humanité n'est pas encore suffisamment forte pour résister au pouvoir qui peut être exercé dans l'Environnement Mental, et qui est actuellement exercé ici.

Les visiteurs essaieront de donner l'impression qu'ils sont « les alliés de l'humanité. » Ils diront qu'ils sont ici pour sauver l'humanité d'elle-même, qu'eux seuls peuvent offrir le grand espoir que l'humanité ne peut trouver par elle-même, qu'eux seuls peuvent établir un véritable ordre et une réelle harmonie dans le monde. Mais cet ordre et cette harmonie seront les leurs, et non les vôtres. Et vous ne pourrez pas jouir de la liberté qu'ils promettent.

La manipulation des croyances et des traditions religieuses

A fin de comprendre les activités des visiteurs dans le monde aujourd'hui, nous devons présenter de plus amples informations concernant leur influence sur les institutions et les valeurs religieuses du monde, ainsi que sur les impulsions spirituelles fondamentales qui sont communes à votre nature et qui sont, à bien des égards, communes à la vie intelligente en de nombreux endroits au sein de la Grande Communauté.

Tout d'abord, il est nécessaire de dire que les activités actuellement menées par les visiteurs dans le monde ont été conduites à maintes reprises auparavant, en de nombreux endroits différents, au sein de nombreuses cultures différentes de la Grande Communauté. Vos visiteurs ne sont pas les initiateurs de ces activités mais les utilisent simplement à leur propre discrétion, dans la mesure où ils les connaissent et les ont déjà utilisées auparavant.

Il est important que vous compreniez que des compétences en matière d'influence et de manipulation ont été développées à un très haut degré de fonctionnalité dans la Grande Communauté. À mesure que les races deviennent plus expertes et plus compétentes sur le plan technologique, elles exercent, les unes sur les autres, des types d'influences plus subtiles et plus envahissantes. Jusqu'ici, les êtres humains n'ont évolué que pour rivaliser entre eux, vous n'avez donc pas encore cet avantage adaptatif. C'est, en soi, l'une des raisons pour lesquelles nous vous présentons cette information. Vous entrez dans un tout nouvel ensemble de circonstances qui exigent le développement de vos capacités inhérentes mais également l'apprentissage de nouvelles compétences.

Bien que la situation de l'humanité soit unique, l'émergence d'une race dans la Grande Communauté est un événement qui s'est produit d'innombrables fois auparavant. Par conséquent, les actes qui sont actuellement perpétrés contre vous, ont déjà été perpétrés auparavant. Tout ceci a été hautement élaboré et se trouve désormais parfaitement adapté à votre vie et à votre situation avec, nous semble-t-il, une relative facilité.

Le Programme de Pacification actuellement mis en œuvre par les visiteurs rend cela en partie possible. L'inclination naturelle pour les relations pacifiques tout comme le désir d'éviter la guerre et les conflits sont admirables, mais ces inclinations peuvent être utilisées contre vous, et en réalité, elles le sont. Même vos impulsions les plus nobles peuvent être utilisées à d'autres fins.

Vous avez connu cela au cours de votre propre histoire, au sein de votre propre nature et de vos propres sociétés. La paix ne peut être établie que sur une fondation solide faite de sagesse, de coopération et de capacité réelle.

L'humanité s'est naturellement efforcée d'établir des relations pacifiques entre ses propres tribus et nations. Cependant, elle rencontre à présent un ensemble plus important de problèmes et de défis. Nous les considérons comme des opportunités pour votre développement, car seul le défi que constitue l'émergence au sein de la Grande Communauté unira le monde et vous donnera la fondation pour que cette unité soit authentique, forte et efficace.

Par conséquent, nous venons, non pas pour critiquer vos institutions religieuses ou vos impulsions et valeurs les plus fondamentales, mais pour illustrer la manière dont elles sont utilisées contre vous par ces races étrangères qui interviennent dans votre monde. Et, si c'est en notre pouvoir, nous souhaitons encourager l'emploi approprié de vos dons et de vos réalisations afin de préserver votre monde, votre liberté et votre intégrité en tant que race dans le contexte de la Grande Communauté.

Les visiteurs sont fondamentalement pragmatiques dans leur approche. C'est à la fois une force et une faiblesse. À travers nos observations, ici et ailleurs, nous constatons qu'il leur est difficile de dévier de leurs plans. Ils ne sont pas bien adaptés au changement, et ils ne peuvent pas non plus gérer efficacement la complexité. Par conséquent, ils exécutent leur plan d'une manière presque insouciante, car ils ont le sentiment de faire ce qu'il faut et d'avoir l'avantage. Ils ne croient pas que l'humanité leur opposera une quelconque résistance – du moins pas une résistance qui les affectera grandement. Et ils pensent que leurs secrets et leur programme sont bien préservés et échappent à la compréhension humaine.

À cet égard, le fait de vous présenter cette information fait de nous leurs ennemis, du moins de leur point de vue. Du nôtre cependant, nous essayons simplement de contrecarrer leur influence, de vous apporter la compréhension dont vous avez besoin et la perspective sur laquelle vous devez vous fonder pour préserver votre liberté en tant que race et faire face aux réalités de la Grande Communauté.

En raison de la nature pratique de leur approche, ils souhaitent atteindre leurs objectifs le plus efficacement possible. Ils souhaitent unir l'humanité mais seulement de manière à servir leur propre engagement et leurs propres activités dans le monde. Pour eux, l'unité humaine est un souci d'ordre pratique. Ils n'accordent aucune valeur à la diversité culturelle ; ils n'accordent certainement aucune valeur à celle-ci au sein de leurs propres cultures. Par conséquent, ils essaieront de la faire disparaître ou de la minimiser, si possible, partout où ils exercent leur influence.

Dans notre exposé précédent, nous avons évoqué l'influence des visiteurs sur les nouvelles formes de spiritualité – sur les nouvelles idées et les nouvelles expressions de la divinité humaine et de la nature humaine qui existent dans votre monde actuellement. Dans le présent exposé, nous souhaiterions nous pencher sur les valeurs et institutions traditionnelles que vos visiteurs cherchent à influencer et qu'ils influencent aujourd'hui.

Dans une logique d'uniformité et de conformité, les visiteurs s'appuieront sur les institutions et les valeurs qu'ils considèrent comme étant les plus stables et les plus pratiques à utiliser. Vos idées ne les intéressent pas, et vos valeurs ne les intéressent pas, sauf si ces choses peuvent faire progresser leur programme. Ne vous faites pas d'illusions en pensant qu'ils sont attirés par votre spiritualité parce que cela leur fait défaut. Ce serait là une erreur insensée, et peut-être une erreur fatale. Ne pensez pas qu'ils sont passionnés par votre vie et par ces choses que vous trouvez fascinantes. Car vous ne pourrez les influencer de cette manière que dans de très rares cas. Toute curiosité naturelle a été éradiquée chez eux et il n'en subsiste que très peu. En fait, il ne subsiste que très peu de ce que vous appelleriez « l'Esprit », ou de ce que nous appellerions « Varne[1] » ou « La Voie de la Perception. » Ils sont contrôlés et ils contrôlent, et ils suivent des schémas de pensée et de comportement qui sont fermement établis et strictement renforcés. Ils peuvent sembler s'identifier à vos idées, mais c'est uniquement dans le but de gagner votre allégeance.

Au sein des institutions religieuses traditionnelles de votre monde, ils chercheront à utiliser les valeurs et les croyances fondamentales qui pourront vous amener à leur prêter allégeance à l'avenir. Laissez-nous vous donner quelques exemples, issus à la fois de nos propres observations ainsi que de certains éléments que les Invisibles nous ont révélés au fil du temps.

Une grande partie de votre monde est de foi Chrétienne. Nous trouvons cela admirable, même si ce n'est évidemment

---

1 : prononcer « Verne »

pas la seule approche aux questions fondamentales de l'identité spirituelle et du but de la vie. Les visiteurs utiliseront l'idée fondamentale d'une allégeance à un leader unique pour générer l'allégeance à leur cause. Dans le contexte de cette religion, l'identification avec Jésus-Christ sera grandement utilisée. L'espoir et la promesse de son retour dans le monde offrent à vos visiteurs une opportunité parfaite, en particulier à ce tournant du millénaire.

À notre connaissance, le véritable Jésus ne reviendra pas dans le monde, car il travaille de concert avec les Invisibles et sert l'humanité, ainsi que d'autres races. Celui qui viendra en se réclamant de son nom sera issu de la Grande Communauté. Il sera né et conditionné dans ce but par les collectifs présents dans le monde aujourd'hui. Il paraîtra humain et aura des capacités supérieures, en comparaison à ce que vous pouvez accomplir à l'heure actuelle. Il paraîtra totalement altruiste. Il sera capable d'accomplir des actes qui engendreront soit la peur soit une grande vénération. Il sera capable de projeter des images d'anges, de démons ou tout ce à quoi ses supérieurs souhaitent vous exposer. Il semblera posséder des pouvoirs spirituels. Pourtant, il sera issu de la Grande Communauté et fera partie des collectifs. Certains lui prêteront allégeance et le suivront. Enfin, il encouragera le rejet ou la destruction de ceux qui ne peuvent pas le suivre.

Les visiteurs ne se soucient guère du nombre de gens éliminés, pourvu qu'ils obtiennent l'allégeance fondamentale de la majorité. Par conséquent, les visiteurs se concentreront sur ces idées fondamentales qui leur donnent cette autorité et cette influence.

Un retour du Christ est donc préparé par vos visiteurs. Les signes annonçant cela, selon nous, se trouvent déjà dans votre monde. Les gens ne se rendent pas compte de la présence des visiteurs ou de la nature de la réalité dans la Grande Communauté, et ils accepteront donc naturellement leurs croyances antérieures sans les remettre en question, ayant le sentiment que le temps est venu pour le grand retour de leur Sauveur et Enseignant. Mais celui qui viendra ne sera pas issu de la Multitude divine, il ne représentera pas la Connaissance ou les Invisibles, et il ne représentera pas le Créateur ou la volonté du Créateur. Nous avons vu que ce plan est en cours d'élaboration dans le monde. Nous avons aussi vu des plans semblables menés dans d'autres mondes.

Au sein des autres traditions religieuses, les visiteurs encourageront l'uniformité – ce que vous pourriez considérer comme un genre de religion fondamentale fondée sur le passé, fondée sur l'allégeance à l'autorité et fondée sur la conformité à l'institution. Cela sert les visiteurs. Ils ne s'intéressent pas à l'idéologie et aux valeurs de vos traditions religieuses, seulement à leur utilité. Plus les gens peuvent penser de la même manière, agir de la même manière et répondre de manière prévisible, plus ils sont utiles aux collectifs. Cette conformité est encouragée dans de nombreuses traditions différentes. L'intention ici n'est pas de rendre tout le monde semblable mais que les gens soient simples en eux-mêmes.

Dans une partie du monde, une idéologie religieuse particulière prédominera ; dans une autre partie du monde, une idéologie religieuse différente prédominera. Ceci est tout à fait utile à vos visiteurs, car peu leur importe qu'il y ait plus d'une religion du moment que règnent l'ordre, la conformité et l'allégeance. N'ayant pas eux-mêmes de religion à laquelle vous pourriez vous identifier et que vous pourriez suivre, ils utiliseront les vôtres pour instaurer leurs propres valeurs. Car il n'accordent de la valeur qu'à l'allégeance totale à leur cause et aux collectifs et recherchent votre allégeance totale pour que vous vous engagiez avec eux de la manière qu'ils prescriront. Ils vous assureront que cela créera la paix et la rédemption dans le monde, et ils vous assureront du retour de toute figure ou personnalité religieuse considérée de valeur suprême ici.

Cela ne signifie pas que les religions fondamentales soient gouvernées par des forces extraterrestres, car nous savons que les religions fondamentales ont été bien établies dans votre monde. Ce que nous disons ici, c'est que les impulsions et les mécanismes sous-jacents seront encouragés par les visiteurs et utilisés à leurs propres fins. Par conséquent, tous ceux qui sont de vrais croyants au sein de leur tradition devront être très attentifs pour discerner ces influences et les contrecarrer si possible. Ici, ce n'est pas le citoyen moyen que les visiteurs cherchent à convaincre, ce sont les dirigeants.

Les visiteurs croient fermement que s'ils n'interviennent pas à temps, l'humanité se détruira elle-même et détruira le monde. Cela ne repose pas sur la vérité ; ce n'est qu'une supposition. Bien que l'humanité risque de s'autodétruire, ce n'est pas nécessairement votre destinée. Mais les collectifs croient que ça l'est et qu'ils doivent donc agir avec hâte et insister grandement sur leurs programmes de persuasion. Ceux qui peuvent être convaincus seront considérés comme utiles ; ceux qui ne peuvent pas être persuadés seront écartés et rejetés. Si les visiteurs deviennent assez forts pour prendre le contrôle total du monde, ceux qui ne peuvent pas se conformer seront simplement éliminés. Cependant, les visiteurs ne se chargeront pas eux-mêmes de l'élimination. Celle-ci sera menée par l'intermédiaire de ces individus du monde qui seront complètement tombés sous l'emprise de leur persuasion.

C'est un scénario terrible, nous le reconnaissons bien, mais il ne doit y avoir aucune confusion si vous devez comprendre et recevoir ce que nous vous exprimons dans nos messages. Ce n'est pas l'annihilation de l'humanité, mais l'intégration de l'humanité que les visiteurs cherchent à accomplir. Ils se croiseront avec vous dans ce but. Ils essaieront de réorienter vos impulsions et institutions religieuses dans ce but. Ils s'établiront clandestinement dans le monde dans ce but. Ils influenceront les gouvernements et les chefs de gouvernement dans ce but. Ils influenceront des puissances militaires du monde dans ce but. Les visiteurs ont confiance en leur réussite, car jusqu'à présent ils ont constaté que l'humanité ne leur a pas encore opposé une résistance suffisante pour contrecarrer leurs mesures ou contrebalancer leur programme.

Pour contrecarrer cela, vous devez apprendre la Voie de la Connaissance de la Grande Communauté. Toute race libre dans l'univers doit apprendre la Voie de la Connaissance, quelle que soit la façon dont celle-ci est définie au sein de sa propre culture. Elle est la source de la liberté individuelle. Elle est ce qui permet aux individus et aux sociétés de jouir d'une véritable intégrité et d'avoir la sagesse nécessaire pour faire face aux influences qui vont à l'encontre de la Connaissance, aussi bien dans leur monde qu'au sein de la Grande Communauté. En conséquence, il est nécessaire de prendre de nouveaux chemins, car vous entrez dans une situation nouvelle, avec des forces nouvelles et des influences nouvelles. En effet, il ne s'agit pas d'un futur lointain, mais d'un défi immédiat. La vie dans l'univers n'attend pas que vous soyez prêts. Les événements se produiront, que vous y soyez préparés ou pas. Des visites ont eu lieu sans votre accord et sans votre permission. Et vous ne réalisez pas encore à quel point vos droits fondamentaux sont violés.

C'est pourquoi nous avons été envoyés non seulement pour apporter notre perspective et nos encouragements mais aussi pour lancer un appel, pour sonner l'alarme, pour inspirer une prise de conscience et un engagement. Nous avons dit précédemment que nous ne pouvions pas sauver votre race au moyen d'une intervention militaire. Ce n'est pas notre rôle. Et même si nous essayions de le faire et que nous rassemblions la force nécessaire pour mener à bien une telle entreprise, votre monde serait détruit. Nous pouvons seulement vous conseiller.

Vous verrez dans l'avenir se manifester une férocité des croyances religieuses s'exprimant avec violence, contre ceux qui ne les partagent pas, contre des nations moins fortes et utilisées comme armes d'attaque et de destruction. Les visiteurs ne demanderaient rien de mieux que de voir vos institutions religieuses gouverner les nations. Vous devez y résister. Les visiteurs ne demanderaient rien de mieux que de voir des valeurs religieuses partagées par tout le monde, car cela contribue à augmenter leur main-d'œuvre et leur simplifie ainsi la tâche. Dans toutes ses manifestations, une telle influence réduit fondamentalement au consentement et à la soumission – la soumission de la volonté, la soumission du but, la soumission de la vie et des aptitudes de l'individu. Pourtant, cela sera annoncé comme étant une avancée majeure pour l'humanité, un grand progrès pour la société, une nouvelle unification pour la race humaine, un nouvel espoir pour la paix et l'équanimité, un triomphe de l'esprit humain sur les instincts humains.

Par conséquent, nous venons avec nos conseils et nous vous encourageons à vous abstenir de prendre des décisions peu judicieuses, d'abandonner votre vie à des choses que vous ne comprenez pas, et de céder votre discernement et votre discrétion en échange d'une récompense promise. Et nous devons vous encourager à ne pas trahir la Connaissance en vous, l'intelligence spirituelle avec laquelle vous êtes nés et qui contient maintenant votre unique et plus grande promesse.

Peut-être qu'en entendant cela, vous verrez l'univers comme un endroit dépourvu de Grâce. Peut-être deviendrez-vous cyniques et craintifs, en pensant que la cupidité est universelle. Mais, ce n'est pas le cas. Ce qu'il faut à présent, c'est que vous deveniez forts, plus forts que vous ne l'êtes, plus forts que vous ne l'avez été. N'acceptez pas de communiquer avec ceux qui interviennent dans votre monde tant que vous n'avez pas cette force. N'ouvrez pas votre esprit et votre cœur aux visiteurs venant d'autres mondes, car ils viennent ici pour servir leurs propres intérêts. Ne pensez pas qu'ils accompliront vos prophéties religieuses ou vos plus grands idéaux, car il s'agit d'une illusion.

Il existe de grandes forces spirituelles au sein de la Grande Communauté – des individus et même des nations ayant atteint des niveaux d'accomplissement très élevés, bien au-delà de ce que l'humanité a démontré jusqu'à maintenant. Ils ne se déplacent pas vers d'autres mondes pour en prendre le contrôle. Ils ne représentent pas les forces politiques et économiques de l'univers. Ils ne sont pas impliqués dans le commerce, si ce n'est pour subvenir à leurs propres besoins fondamentaux. Ils voyagent rarement, sauf dans des situations d'urgence.

Des émissaires sont envoyés pour aider ceux qui émergent dans la Grande Communauté, des émissaires tels que nous-mêmes. Et il y a également des émissaires spirituels, le pouvoir des Invisibles – ces derniers pouvant parler à ceux qui sont prêts à recevoir, qui ont un cœur juste et qui se montrent prometteurs. C'est ainsi que Dieu œuvre dans l'univers.

Vous entrez dans un environnement nouveau et difficile. Votre monde possède une grande valeur pour d'autres races. Vous aurez besoin de le protéger. Vous aurez à préserver vos ressources afin de n'avoir aucun besoin et aucune dépendance du commerce avec d'autres nations pour subvenir aux nécessités fondamentales de votre vie. Si vous ne préservez pas vos ressources, alors vous devrez renoncer à une grande part de votre liberté et de votre autosuffisance.

Votre spiritualité doit être saine. Elle doit être fondée sur l'expérience réelle, car les valeurs et les croyances, les rituels et les traditions peuvent être utilisés, et sont utilisés, par vos visiteurs à leurs propres fins.

Ici, vous pouvez commencer à voir que vos visiteurs sont très vulnérables dans certains domaines. Explorons cela plus en profondeur. Sur le plan individuel, ils n'ont que très peu de volonté et il leur est difficile de faire face à la complexité. Ils ne comprennent pas votre nature spirituelle. Et ils ne comprennent assurément pas les impulsions issues de la Connaissance. Plus vous êtes forts en la Connaissance, plus vous devenez inexplicables, plus vous êtes difficiles à contrôler et moins vous leur êtes utiles, à eux et à leur programme d'intégration. En tant qu'individu, plus vous êtes fort en la Connaissance, plus vous représentez un défi important pour eux. Plus il y a d'individus qui deviennent forts en la Connaissance, plus il est difficile pour les visiteurs de les isoler.

Les visiteurs n'ont pas de force physique. Leur pouvoir se situe dans l'Environnement Mental et dans l'usage de leurs technologies. Ils sont peu nombreux comparés à vous. Ils sont complètement dépendants de votre consentement, et ils ont une confiance excessive en leur capacité à réussir. Compte tenu de leur expérience jusqu'à présent, l'humanité n'a montré aucune résistance significative. Cependant, plus vous êtes forts en la Connaissance, plus vous devenez une force qui s'oppose à l'intervention et à la manipulation, et plus vous devenez une force pour la liberté et l'intégrité de votre race.

Bien que ceux qui seront capables d'entendre notre message puissent être peu nombreux, votre réponse est importante. Peut-être est-il facile de mettre en doute notre présence et notre réalité et de s'opposer à notre message, cependant nous parlons en accord avec la Connaissance. Par conséquent, ce que nous disons peut être su en vous, si vous êtes libre de le savoir.

Nous comprenons que nous remettons en question beaucoup de croyances et de conventions dans notre présentation. Même notre présence ici paraîtra inexplicable et bien des gens la nieront. Cependant, nos paroles et notre message peuvent résonner en vous parce que nous parlons avec la Connaissance. Le pouvoir de la vérité est le plus grand pouvoir de l'univers. Il a le pouvoir de libérer. Il a le pouvoir d'éclairer. Et il a le pouvoir de donner force et confiance à ceux qui en ont besoin.

On nous a dit que la conscience humaine est grandement estimée bien qu'elle ne soit peut-être que rarement appliquée. C'est de cela dont nous parlons quand nous parlons de la Voie de la Connaissance. Elle est fondamentale à toutes vos véritables impulsions spirituelles. Elle fait déjà partie de vos religions. Ce n'est pas nouveau pour vous. Mais sa valeur doit être reconnue ou nos efforts et les efforts des Invisibles pour préparer l'humanité à la Grande Communauté n'aboutiront pas. Trop peu de gens y répondront et la vérité sera un fardeau pour eux, car ils ne seront pas capables de la partager efficacement.

Par conséquent, nous ne cherchons pas à critiquer vos institutions ou vos conventions religieuses, mais seulement à illustrer comment elles peuvent être utilisées contre vous. Nous ne sommes pas ici pour les remplacer ni pour les nier, mais pour montrer à quel point la véritable intégrité doit imprégner ces institutions et ces conventions afin qu'elles vous servent de manière authentique.

Dans la Grande Communauté, la spiritualité est manifestée par ce que nous appelons la Connaissance, la Connaissance signifiant l'intelligence de l'Esprit et le mouvement de l'Esprit en vous. Elle vous permet de savoir plutôt que de simplement croire. Elle vous immunise contre la persuasion et la manipulation, car la Connaissance ne peut être manipulée par aucun pouvoir ni par aucune force du monde. Elle donne vie à vos religions et elle est porteuse d'espoir pour votre destinée.

Nous adhérons à ces idées car elles sont fondamentales. Elles manquent cependant au sein des collectifs, et si vous rencontrez les collectifs, ou faites simplement l'expérience de leur présence, et que vous avez la capacité de préserver votre propre mental, vous vous rendrez compte de cela par vous-même.

On nous a dit que bien des individus dans le monde désirent céder les rênes de leur vie, s'abandonner à un plus grand pouvoir dans la vie. Il ne s'agit pas là d'une caractéristique propre à l'humanité, mais dans la Grande Communauté, une telle approche mène à l'asservissement. Nous savons que dans votre propre monde, avant que les visiteurs ne soient si nombreux ici, une telle approche a souvent conduit à l'asservissement. Mais dans la Grande Communauté, vous êtes bien plus vulnérables et vous devez être plus sages, plus prudents et plus autosuffisants. Ici, l'imprudence coûte très cher et amène un grand malheur.

Si vous pouvez répondre à la Connaissance et apprendre la Voie de la Connaissance de la Grande Communauté, vous serez capables de voir ces choses par vous-mêmes. Vous confirmerez alors nos paroles plutôt que de simplement les croire ou les nier. Le Créateur rend cela possible, car la volonté du Créateur est que l'humanité se prépare à son avenir. C'est pourquoi nous sommes venus. C'est pourquoi nous observons et avons maintenant la possibilité de rapporter ce que nous voyons.

Les traditions religieuses de ce monde parlent en votre faveur dans leurs enseignements essentiels. Nous avons eu l'occasion d'en apprendre davantage à leur sujet grâce aux Invisibles. Mais elles constituent aussi une faiblesse potentielle. Si l'humanité était plus vigilante et qu'elle comprenait les réalités de la vie dans la Grande Communauté et la signification des visites prématurées, les risques que vous encourez ne seraient pas aussi grands que ce qu'ils sont aujourd'hui. Vous espérez et vous vous attendez à ce que de telles visites vous apportent de grandes récompenses et soient un accomplissement pour vous. Cependant, vous n'avez pas été en mesure de vous éduquer à propos de la réalité de la Grande Communauté ou des forces puissantes qui interagissent avec votre monde. Votre manque de compréhension et votre confiance prématurée en vos visiteurs ne vous servent pas.

C'est pour cette raison que les Sages, dans toute la Grande Communauté, restent cachés. Ils ne cherchent pas à faire du commerce au sein de la Grande Communauté. Ils ne cherchent pas à faire partie de corporations ou de coopératives commerciales. Ils ne cherchent pas à établir des relations diplomatiques avec de nombreux mondes. Leur réseau d'allégeances est plus mystérieux, de nature plus spirituelle. Ils comprennent les risques et les difficultés liés à l'exposition aux réalités de la vie dans l'univers physique. Ils maintiennent leur isolement et ils restent vigilants à leurs frontières. Ils cherchent seulement à étendre leur sagesse par des moyens de nature moins physique.

Dans votre propre monde, peut-être pouvez-vous voir cela exprimé parmi les plus sages, les plus talentueux, qui ne cherchent pas à obtenir des avantages personnels par des voies commerciales et qui ne s'adonnent pas à la conquête et à la manipulation. Votre propre monde vous en apprend tellement. Votre propre histoire vous en apprend tellement et illustre, bien qu'à une plus petite échelle, tout ce que nous vous présentons ici.

Aussi, notre intention est non seulement de vous prévenir de la gravité de votre situation mais également de vous apporter, si nous le pouvons, une plus grande perception et une plus grande compréhension de la vie, ce dont vous aurez besoin. Et nous sommes confiants dans le fait que suffisamment de gens pourront entendre ces paroles et répondre à la grandeur de la Connaissance. Nous espérons que certains d'entre vous pourront reconnaître que nos messages ne sont pas ici pour susciter la peur et déclencher la panique mais pour susciter la responsabilité et l'engagement en faveur de la préservation de la liberté et du bien dans votre monde.

Si l'humanité ne parvenait pas à s'opposer à l'Intervention, nous pouvons dépeindre un tableau de ce que cela signifierait. Nous avons vu cela ailleurs, car chacun de nous, dans son propre monde, est passé très près de cela. En se joignant à un collectif, la planète Terre sera exploitée pour ses ressources, ses habitants seront rassemblés pour travailler, et ses rebelles et ses hérétiques seront soit écartés, soit éliminés. Le monde sera préservé pour son agriculture et l'intérêt que présentent ses exploitations minières. Les sociétés humaines existeront, mais seulement subordonnées à des pouvoirs extérieurs à votre monde. Et si le monde en venait à épuiser son utilité, si ses ressources en venaient à être complètement vidées, alors vous seriez abandonnés, démunis. Vous aurez été spoliés de la vie qui vous soutient dans votre monde ; les moyens mêmes vous permettant de survivre vous auront été volés. Cela s'est passé auparavant dans bien d'autres endroits.

Dans le cas de ce monde, les collectifs peuvent choisir de préserver le monde pour un usage continu comme poste stratégique et entrepôt biologique. Mais, la population humaine souffrirait terriblement sous un régime si oppressif. La population humaine serait réduite. La gestion de l'humanité serait confiée à ceux qui sont conçus pour mener la race humaine vers un nouvel ordre. La liberté humaine telle que vous la connaissez n'existerait plus, et vous souffririez sous le poids d'une domination étrangère, une domination qui serait dure et exigeante.

Il existe de nombreux collectifs au sein de la Grande Communauté. Certains sont grands ; d'autres sont de faible envergure. Certains sont plus éthiques dans leurs approche ; nombre d'entre eux ne le sont pas. Dans la mesure où ils rivalisent entre eux pour se saisir d'opportunités telles que le contrôle de votre monde, des activités dangereuses peuvent être menées. Nous devons donner cette illustration afin que vous n'ayez aucun doute sur ce que nous disons. Les choix qui s'offrent à vous sont très limités, mais ils sont absolument essentiels.

Par conséquent, comprenez que, du point de vue de vos visiteurs, vous appartenez tous à des tribus qui ont besoin d'être dirigées et contrôlées afin de servir leurs intérêts. Pour ce faire, vos religions et une part de votre réalité sociale seront conservées. Mais vous perdrez beaucoup. Et beaucoup sera perdu avant même que vous ne réalisiez ce qui vous a été pris. Par conséquent, nous ne pouvons que préconiser la vigilance, la responsabilité et l'engagement à apprendre – apprendre à propos de la vie dans la Grande Communauté, apprendre comment préserver votre propre culture et votre propre réalité au sein d'un environnement plus vaste, apprendre à discerner ceux qui sont ici pour vous servir et à les distinguer de ceux qui ne le sont pas. Ce plus grand discernement est si nécessaire dans le monde, même pour résoudre vos propres difficultés. Mais s'agissant de votre survie et de votre bien-être au sein de la Grande Communauté, il est absolument fondamental.

Aussi, nous vous encourageons à ne pas baisser les bras. Nous avons davantage d'informations à partager avec vous.

Le seuil, une nouvelle promesse pour l'humanité

Pour vous préparer à la présence extraterrestre dans votre monde, il est nécessaire que vous en appreniez davantage sur la vie au sein de la Grande Communauté, une vie qui enveloppera votre monde dans le futur, une vie dont vous ferez partie.

Le destin de l'humanité a toujours été d'émerger au sein d'une Grande Communauté de vie intelligente. Ceci est inévitable et se produit en tout monde où la vie intelligente a été ensemencée et s'est développée. Tôt ou tard, vous auriez fini par réaliser que vous viviez au sein d'une Grande Communauté. Et vous auriez finalement découvert que vous n'étiez pas seuls dans votre propre monde, que vous aviez des visites et qu'il vous fallait apprendre à faire face à d'autres races divergentes, à d'autres forces, croyances et attitudes qui prévalent dans la Grande Communauté au sein de laquelle vous vivez.

Votre destinée est d'émerger dans la Grande Communauté. Votre isolement est désormais terminé. Bien que votre monde ait été visité de nombreuses fois par le passé, votre isolement arrive aujourd'hui à son terme. Il est à présent nécessaire que vous réalisiez que vous n'êtes plus seuls – dans l'univers ou même dans votre propre monde. Cette compréhension est développée de manière plus complète dans l'Enseignement sur la Spiritualité de la Grande Communauté qui est présenté dans le monde aujourd'hui. Notre rôle ici est de décrire la vie telle qu'elle existe dans la Grande Communauté, afin que vous puissiez avoir une compréhension plus profonde du vaste panorama de vie au sein duquel vous émergez. Cela est nécessaire pour que vous soyez en mesure d'approcher cette nouvelle réalité avec une objectivité, une compréhension et une sagesse plus grandes. L'humanité a vécu relativement isolée depuis si longtemps qu'il est naturel pour vous de considérer que le reste de l'univers fonctionne selon les idées, les principes et la science que vous tenez comme sacrés et sur lesquels vous basez vos activités et vos perceptions du monde.

La Grande Communauté est vaste. Ses régions les plus éloignées n'ont jamais été explorées. Elle est plus grande que ce que n'importe quelle race est capable de concevoir. Au sein de cette création magnifique, la vie intelligente existe à tous les niveaux d'évolution et en d'innombrables expressions. Votre monde se situe dans une partie de la Grande Communauté qui est relativement bien peuplée. Il y a de nombreuses zones de la Grande Communauté qui n'ont jamais été explorées et d'autres où des races vivent en secret. Tout existe dans la Grande

Communauté, en termes de manifestations de la vie. Et bien que la vie telle que nous l'avons décrite paraisse difficile et comporte de nombreux défis, le Créateur est à l'œuvre partout, ramenant ceux qui sont séparés grâce à la Connaissance.

Dans la Grande Communauté, il ne peut exister de religion unique, d'idéologie unique ou de forme de gouvernement unique qui puisse s'adapter à toutes les races et à tous les peuples. Par conséquent, quand nous parlons de religion, nous parlons de la spiritualité de la Connaissance, car il s'agit du pouvoir et de la présence de la Connaissance qui réside en toute vie intelligente – en vous, en vos visiteurs et en d'autres races que vous rencontrerez dans le futur.

La spiritualité universelle devient ainsi un grand point focal. Elle réunit les compréhensions et les idées divergentes qui prévalent actuellement dans votre monde et elle donne une base commune à la réalité spirituelle qui vous est propre. L'étude de la Connaissance n'est cependant pas seulement édifiante, elle est essentielle à la survie et à l'avancement au sein de la Grande Communauté. Pour que vous soyez en mesure d'établir et de maintenir votre liberté et votre indépendance dans la Grande Communauté, cette capacité supérieure doit être développée parmi un nombre suffisant de personnes dans votre monde. La Connaissance est la seule partie de vous qui ne peut être manipulée ou influencée. C'est la source de toute compréhension et de toute action empreintes de sagesse. Elle devient une nécessité au sein de l'environnement de la Grande Communauté si vous accordez de la valeur à la liberté et si vous souhaitez établir votre propre destinée, plutôt que de vous retrouver intégrés à un collectif ou à une autre société.

Alors que nous dépeignons la gravité de la situation du monde aujourd'hui, nous apportons aussi un grand cadeau et une grande promesse pour l'humanité, car le Créateur ne vous laisserait pas sans préparation face à la Grande Communauté, laquelle représente le plus grand de tous les seuils que vous aurez à traverser en tant que race. Cette bénédiction nous a été offerte à nous aussi. Ce cadeau est en notre possession depuis de nombreux siècles, si l'on se réfère à votre temps. Nous avons dû apprendre cela à la fois par choix et par nécessité.

En effet, ce sont la présence et le pouvoir de la Connaissance qui nous permettent de nous exprimer en tant qu'Alliés et de vous fournir les informations que nous vous communiquons dans ces exposés. Si nous n'avions pas découvert cette grande révélation, nous serions restés isolés dans nos propres mondes, incapables de comprendre les grandes forces de l'univers qui allaient façonner notre avenir et notre destinée. Car le cadeau qui est offert à votre monde aujourd'hui nous a été offert, ainsi qu'à beaucoup d'autres races qui s'avéraient prometteuses. Ce cadeau est particulièrement important pour les races émergentes comme la vôtre, qui détiennent une telle promesse et qui sont pourtant si vulnérables dans la Grande Communauté.

Par conséquent, s'il ne peut y avoir une religion ou une idéologie unique dans l'univers, il existe cependant un principe universel, une compréhension universelle et une réalité spirituelle universelle qui sont disponibles pour tous. C'est quelque chose de tellement complet que cela peut s'adresser à des êtres qui sont complètement différents de vous. Cela s'adresse à la diversité de la vie dans toutes ses manifestations. Vous, qui vivez dans votre propre monde, avez désormais l'opportunité de découvrir cette réalité si grande, de faire vous-mêmes l'expérience de son pouvoir et de sa grâce. C'est en définitive le don que nous souhaitons renforcer, car cela protégera votre liberté et votre autodétermination et ouvrira la porte à une plus grande promesse dans l'univers.

Cependant, vous avez d'abord à faire face à l'adversité et à un grand défi. Cela nécessite que vous fassiez l'expérience d'une Connaissance plus profonde et d'une conscience plus grande. Si vous relevez ce défi, vous en serez vous-même bénéficiaire, mais également votre race toute entière.

L'enseignement de la Spiritualité de la Grande Communauté est actuellement présenté dans le monde. Il n'a jamais été présenté ici auparavant. Il est transmis par le biais d'une seule personne, qui fait office d'intermédiaire et de porte-parole pour cette tradition. Il est envoyé à cette époque critique où l'humanité doit prendre conscience de son existence au sein de la Grande Communauté et des forces plus grandes qui façonnent le monde aujourd'hui.

Seul un enseignement et une compréhension venant d'au-delà du monde peuvent vous donner cet avantage et cette préparation.

Vous n'êtes pas seuls à entreprendre une aussi grande tâche, car d'autres races dans l'univers font de même, et elles sont au même stade de développement que le vôtre. Vous êtes une race parmi tant d'autres qui émergent dans la Grande Communauté à cette époque-ci. Chacune est prometteuse, et pourtant, chacune est vulnérable aux difficultés, aux défis et aux influences qui existent dans cet environnement plus vaste. En effet, de nombreuses races ont perdu leur liberté avant même de l'atteindre, se faisant intégrer à des collectifs, à des guildes commerciales ou à des états clients au service de plus grandes puissances.

Nous ne souhaitons pas voir cela arriver à l'humanité, car ce serait là une grande perte. C'est pour cette raison que nous sommes ici. C'est pour cette raison que le Créateur est aujourd'hui actif dans le monde, apportant une nouvelle compréhension à la famille humaine. Il est temps pour l'humanité de mettre fin à ses conflits internes incessants et de se préparer à la vie dans la Grande Communauté.

Vous vivez dans une zone où il y a une forte activité, au-delà de votre minuscule système solaire. Dans cette région, le commerce se fait le long de certains couloirs. Les mondes interagissent, rivalisent, et parfois, ils entrent en conflit les uns avec les autres. Tous ceux qui s'intéressent au commerce sont à la recherche d'opportunités. Ils cherchent non seulement des ressources mais également l'allégeance de mondes tels que le vôtre. Certains font partie de collectifs plus grands. D'autres maintiennent leurs propres alliances à une échelle beaucoup plus petite. Les mondes qui sont en mesure d'émerger dans la Grande Communauté avec succès ont dû maintenir leur autonomie et leur autosuffisance à un très haut degré. Ceci afin de les libérer de l'exposition à d'autres forces qui chercheraient uniquement à les exploiter et à les manipuler.

Votre indépendance et le développement de votre compréhension et de votre unité deviennent ainsi absolument essentiels à votre bien-être dans le futur. Et cet avenir n'est pas lointain, car déjà l'influence des visiteurs s'accroît dans votre monde. De nombreux individus ont déjà acquiescé à l'invitation des visiteurs et ils leur servent maintenant d'émissaires et d'intermédiaires. Beaucoup d'autres individus servent simplement de ressources pour leur programme génétique. Comme nous l'avons mentionné précédemment, cela s'est produit à maintes reprises et en de nombreux endroits. Bien que cela puisse vous sembler incompréhensible, pour nous, ce n'est pas un mystère.

L'Intervention est un malheur, mais c'est également une occasion cruciale. Si vous êtes capables d'y réagir, si vous êtes capables de vous y préparer, si vous êtes capables d'apprendre la Connaissance et la Sagesse de la Grande Communauté, alors vous serez capables de repousser les forces qui interfèrent dans votre monde et de bâtir la fondation pour une plus grande unité entre vos peuples et vos tribus. Nous encourageons cela, bien entendu, car cela renforce le lien de la Connaissance en tout lieu.

Dans la Grande Communauté, les guerres à grande échelle sont rares. Il existe des forces limitant cela. Pour commencer, la guerre perturbe le commerce et le développement des ressources. En conséquence, les grandes nations ne sont pas autorisées à agir imprudemment, car cela entrave ou compromet les objectifs d'autres parties, d'autres nations et d'autres intérêts. Des guerres civiles ont lieu périodiquement dans les mondes, mais les guerres à grande échelle entre des sociétés et entre des mondes sont effectivement rares. C'est en partie pour cette raison que les compétences dans le domaine de l'environnement mental ont été développées, car les nations rivalisent bel et bien et tentent de s'influencer mutuellement. Dans la mesure où personne ne veut anéantir les ressources et les opportunités, ces compétences et capacités supérieures sont cultivées avec plus ou moins de succès au sein de nombreuses sociétés de la Grande Communauté. Lorsque de telles influences sont présentes, le besoin de la Connaissance est encore plus grand.

L'humanité est mal préparée à cela. Pourtant, de par la richesse de votre héritage spirituel et compte tenu du degré de liberté personnelle existant dans votre monde à l'heure actuelle, il est possible que vous puissiez arriver à progresser dans cette plus grande compréhension et ainsi assurer votre liberté et la préserver.

Il existe d'autres barrières pour prévenir le déclenchement de la guerre au sein de la Grande Communauté. La plupart des sociétés pratiquant le commerce appartiennent à de larges guildes ayant instauré des lois et des codes de conduite pour leurs membres. Ces mesures ont pour but de restreindre les activités de tous ceux qui chercheraient à utiliser la force pour gagner l'accès à d'autres mondes et à leurs ressources. Pour qu'une guerre éclate à une vaste échelle, il faudrait que de nombreuses races soient impliquées, ce qui est peu fréquent. Nous savons que l'humanité est très belliqueuse et conçoit les conflits au sein de la Grande Communauté en termes de guerres, mais en réalité vous découvrirez que ce n'est pas bien toléré et que d'autres voies de persuasion supplantent l'usage de la force.

Ainsi, vos visiteurs ne débarquent pas dans votre monde lourdement armés. Ils ne viennent pas accompagnés de grandes forces militaires, car ils utilisent les compétences qui leur ont été utiles ailleurs – des compétences pour manipuler les pensées, les impulsions et les sentiments de ceux dont ils croisent la route. L'humanité est très vulnérable à de telles persuasions, étant donné le degré de superstition, de conflit et de méfiance prévalant dans votre monde à l'époque actuelle.

Par conséquent, pour comprendre vos visiteurs et pour comprendre les autres êtres que vous rencontrerez à l'avenir, vous devez adopter une approche plus mature concernant l'usage du pouvoir et de l'influence. C'est une composante vitale de votre éducation sur la Grande Communauté. Une partie de cette préparation sera donnée dans l'Enseignement de la Spiritualité de la Grande Communauté, mais vous devez également l'apprendre au travers d'expériences directes.

Actuellement, nous savons que nombreux sont ceux qui ont une vision très fantaisiste de la Grande Communauté. Il existe cette croyance selon laquelle ceux qui sont avancés sur le plan technologique le sont également sur le plan spirituel. Nous pouvons cependant vous assurer que ce n'est pas le cas. Vous-mêmes, bien qu'étant aujourd'hui plus avancés sur le plan technologique que vous ne l'étiez auparavant, vous n'avez pas tellement avancé spirituellement. Vous avez plus de pouvoir, mais avec le pouvoir vient la nécessité d'une plus grande retenue.

Dans la Grande Communauté, il existe des êtres qui ont bien plus de pouvoir que vous sur le plan technologique et même au niveau de la pensée. Vous allez évoluer pour faire y face, mais l'armement ne sera pas au centre de votre attention.

Car la guerre à l'échelle interplanétaire est si destructrice que tout le monde y perd. Quel butin peut-on retirer d'un tel conflit ? Quels avantages procure-t-il ? En effet, lorsqu'un tel conflit éclate, il se déroule dans l'espace et rarement dans des environnements terrestres. Les nations dévoyées et celles qui sont destructrices et agressives sont vite repoussées, en particulier si elles se trouvent dans des régions fortement peuplées où le commerce est pratiqué.

Aussi est-il nécessaire que vous compreniez la nature des conflits dans l'univers parce que cela vous permettra de saisir les intentions de vos visiteurs et leurs besoins – pourquoi ils fonctionnent de cette façon, pourquoi la liberté individuelle leur est inconnue et pourquoi ils dépendent de leurs collectifs. Cela leur apporte la stabilité et le pouvoir, mais cela les rend également vulnérables face à ceux qui sont forts en la Connaissance.

La Connaissance vous permet de penser de diverses façons, d'agir spontanément, de percevoir la réalité au-delà de l'évidence et de faire l'expérience de l'avenir et du passé. De telles capacités sont au-delà de la portée de ceux qui ne peuvent suivre que les règles et les diktats de leur culture. Vous êtes loin derrière les visiteurs sur le plan technologique, mais vous portez en vous la promesse de pouvoir développer des compétences grâce à la Voie de la Connaissance, des compétences dont vous aurez besoin et sur lesquelles vous devrez apprendre à compter de plus en plus.

Nous ne serions pas les Alliés de l'Humanité si nous ne vous avions pas appris ce qu'est la vie dans la Grande Communauté. Nous avons été témoins de bien des choses. Nous avons été confrontés à toutes sortes de situations. Nos mondes ont été conquis et nous avons dû regagner notre liberté. Nous connaissons, par nos erreurs et nos expériences, la nature du conflit et du défi auxquels vous faites face aujourd'hui. C'est pourquoi nous sommes bien placés pour accomplir cette mission destinée à vous servir. Cependant, vous ne nous rencontrerez pas, et nous ne viendrons pas rencontrer les dirigeants de vos nations. Ce n'est pas notre but.

En effet, il vous faut le moins d'interférences possible. Cependant, vous avez besoin d'une grande assistance. Vous devez développer de nouvelles compétences et acquérir une nouvelle compréhension. Même si une société bienveillante devait venir dans votre monde, elle aurait sur vous une telle influence et un tel impact que vous deviendriez dépendants d'elle et que cela vous empêcherait d'établir votre propre force, votre propre pouvoir et votre propre autosuffisance. Vous seriez si dépendants de la technologie et de la compréhension de ces êtres que ces derniers ne pourraient pas vous quitter. De fait, leur arrivée ici vous rendrait encore plus vulnérables à toute interférence future. Car vous désireriez leur technologie, et vous voudriez voyager le long des routes commerciales de la Grande Communauté, mais vous ne seriez pas préparés et vous manqueriez de sagesse.

C'est pourquoi vos futurs amis ne sont pas ici. C'est pourquoi ils ne viennent pas vous aider. Parce que vous ne cultiveriez pas votre force s'ils le faisaient. Vous voudriez vous associer avec eux, vous voudriez créer des alliances avec eux, mais vous seriez si faibles que vous ne pourriez pas vous protéger vous-mêmes. De fait, vous vous retrouveriez intégrés à leur culture, ce qu'ils ne souhaitent pas.

Peut-être que beaucoup de gens ne seront pas capables de comprendre ce que nous disons ici, mais avec le temps, vous comprendrez parfaitement tout cela, et vous percevrez la sagesse d'une telle attitude et sa nécessité. Pour le moment, vous êtes bien trop fragiles, trop distraits et aussi trop en conflit pour former des alliances fortes, même avec ceux qui pourraient être vos futurs amis. L'humanité ne peut pas encore parler d'une seule voix, si bien que vous êtes vulnérables face à l'intervention et à la manipulation venant d'au-delà du monde.

À mesure que la réalité de la Grande Communauté sera mieux connue dans votre monde, et si notre message peut atteindre suffisamment de gens, alors il se formera un consensus croissant sur le fait que l'humanité fait face à un plus grand problème. Cela pourrait créer une nouvelle base pour la coopération et le consensus. Car quels avantages une nation de votre monde peut-elle bien avoir sur une autre lorsque le monde tout entier est menacé par l'Intervention ? Et qui pourrait être en quête de son pouvoir individuel dans un environnement où des forces étrangères sont en train d'intervenir ? Pour que la liberté soit une réalité dans votre monde, elle doit être partagée. Elle doit être reconnue et connue. Elle ne peut être le privilège de quelques-uns seulement, ou bien elle ne représentera aucune force réelle.

Les Invisibles nous ont indiqué qu'il y a déjà des gens qui souhaitent une domination mondiale parce qu'ils croient avoir le soutien et la bénédiction des visiteurs. Ils ont l'assurance des visiteurs qu'ils seront soutenus dans leur quête de pouvoir. Et pourtant, que cèdent-ils là sinon les clés-mêmes de leur propre liberté et de la liberté de leur monde ? Ils sont ignorants et imprudents. Ils ne peuvent pas voir leur erreur.

Nous comprenons également que certaines personnes croient que les visiteurs sont ici pour représenter une renaissance spirituelle et un nouvel espoir pour l'humanité ; mais comment ces gens-là peuvent-ils savoir, eux qui ignorent tout de la Grande Communauté ? Ce ne sont que les reflets de leurs espoirs et leurs désirs, et les visiteurs sont prêts à accommoder de tels souhaits, pour des raisons tout à fait évidentes.

Ce que nous disons ici, c'est qu'il ne peut y avoir rien de moins qu'une véritable liberté dans ce monde, un vrai pouvoir et une vraie unité. Nous rendons notre message accessible à tous, et nous sommes confiants dans le fait que vous le recevrez et que vous y réfléchirez sérieusement. Nous n'avons cependant aucun contrôle sur votre réponse. De plus, les superstitions et les peurs de ce monde peuvent faire en sorte que notre message reste hors de la portée de bien des gens. Mais la promesse est toujours là. Pour vous offrir davantage, il nous faudrait prendre le contrôle de votre monde, et cela, nous ne voulons pas le faire. Par conséquent, nous donnons tout ce que nous pouvons donner sans interférer dans vos affaires. Pourtant, nombreux sont ceux qui réclament l'ingérence. Ils veulent être secourus ou sauvés par d'autres. Ils n'accordent aucune confiance aux possibilités qui s'offrent à l'humanité. Ils ne croient pas aux forces et aux capacités inhérentes à l'humanité. Ils renonceront de plein gré à leur liberté. Ils croiront ce que les visiteurs leur diront. Et ils serviront leurs nouveaux maîtres, pensant que ce qui leur est offert est leur propre libération.

La liberté est précieuse dans la Grande Communauté. N'oubliez jamais cela. Votre liberté, notre liberté. Et qu'est-ce que la liberté sinon la capacité de suivre la Connaissance, la réalité que le Créateur vous a donnée, et d'exprimer la Connaissance et d'apporter la contribution de la Connaissance dans toutes ses manifestations ?

Vos visiteurs n'ont pas cette liberté. Elle leur est inconnue. Ils regardent le chaos dans votre monde, et ils croient que l'ordre qu'ils imposeront ici sera rédempteur pour vous et vous sauvera de votre propre autodestruction. C'est tout ce qu'ils peuvent donner, car c'est tout ce qu'ils ont. Et ils vous utiliseront, mais ils ne considèrent pas cela comme étant inapproprié, car ils sont eux-mêmes utilisés et ne connaissent aucune alternative à cela. Leur programmation et leur conditionnement sont si complets que la possibilité de les atteindre au niveau de leur spiritualité plus profonde n'a que peu de chance de se concrétiser. Vous n'avez pas la force nécessaire pour y parvenir. Vous auriez besoin d'être bien plus forts que vous ne l'êtes aujourd'hui pour avoir une influence rédemptrice sur vos visiteurs. Et pourtant, leur conformité n'est pas si inhabituelle dans la Grande Communauté. Elle est même très courante au sein des grands collectifs, où l'uniformité et l'obéissance sont essentielles à un fonctionnement efficace, en particulier lorsque ce fonctionnement s'étend sur de vastes régions de l'espace.

Par conséquent, ne regardez pas la Grande Communauté avec crainte, mais avec objectivité. Les conditions que nous décrivons existent déjà dans votre monde. Vous pouvez comprendre ces choses. Vous savez ce qu'est la manipulation. Vous savez ce qu'est l'influence. Vous ne les avez encore jamais rencontrées à une si grande échelle, pas plus que vous n'avez eu à rivaliser avec d'autres formes de vie intelligente. Par conséquent, vous n'avez pas encore les compétences pour le faire.

Nous parlons de la Connaissance parce que c'est là votre capacité la plus grande. Quelle que soit la technologie que vous pourrez développer au fil du temps, la Connaissance reste votre plus grande promesse. Vous êtes loin derrière les visiteurs en termes de développement technologique, aussi devez-vous compter sur la Connaissance. C'est la plus grande force dans l'univers, et vos visiteurs ne l'utilisent pas. C'est votre seul espoir. C'est pourquoi l'Enseignement de la Spiritualité de la Grande Communauté enseigne la Voie de la Connaissance, fournit les Pas vers la Connaissance et enseigne la Sagesse et la Perception de la Grande Communauté. Sans cette préparation, vous n'auriez pas la compétence ou la perspective nécessaires pour comprendre votre dilemme ou pour y répondre avec efficacité. C'est quelque chose de trop grand. C'est quelque chose de trop nouveau. Et vous n'êtes pas préparés pour faire face à ces circonstances nouvelles.

L'influence des visiteurs grandit chaque jour qui passe. Chaque personne qui peut entendre cela, ressentir cela et savoir cela doit apprendre la Voie de la Connaissance, la Voie de la Connaissance de la Grande Communauté. C'est un appel. C'est un don. C'est un défi.

Dans des circonstances plus agréables, évidemment, le besoin pourrait sembler moins important. Mais le besoin est immense, car il n'y a aucune mesure de sécurité vous protégeant de la présence extraterrestre, il n'y a aucun endroit où se cacher, il n'y a aucun refuge dans le monde qui soit à l'abri de cette présence étrangère. Aussi n'y a-t-il que deux choix qui s'offrent à vous : vous soumettre ou défendre votre liberté.

C'est la grande décision à laquelle chaque personne se trouve confrontée. C'est le grand tournant. Vous ne pouvez pas vous permettre d'être sots au sein de la Grande Communauté. C'est un environnement bien trop exigeant. Il requiert l'excellence, l'engagement. Votre monde est trop précieux. D'autres êtres convoitent vos ressources. La position stratégique de votre monde est hautement prisée. Même si viviez dans un monde reculé, loin de toute route commerciale, loin de toute relation commerciale, vous auriez fini par être découverts par quelqu'un. Cette éventualité s'est maintenant concrétisée pour vous. Et le processus est déjà engagé.

Alors, ne vous découragez pas ! Il est temps de faire preuve de courage, et non pas d'ambivalence. La gravité de la situation que vous avez devant vous confirme d'autant plus l'importance de votre vie et de votre réponse, et l'importance de la préparation qui est donnée dans le monde aujourd'hui. Ce n'est pas seulement pour votre instruction et votre évolution, c'est également pour votre protection et votre survie.

Questions & Réponses *

C ompte tenu des informations que nous avons fournies jusqu'à maintenant, il nous semble important de répondre aux questions que vont certainement soulever notre réalité et l'importance des messages que nous sommes venus apporter.

♦

« Étant donné le manque de preuves concrètes, pourquoi les gens devraient-ils croire ce que vous leur dites à propos de l'Intervention ? »

Tout d'abord, il faut des preuves solides concernant la présence étrangère dans votre monde. Il nous a été rapporté que c'était bien le cas. Cependant, les Invisibles nous ont également dit que les gens ne savent pas comment interpréter ces manifestations et qu'ils donnent à celles-ci leur propre signification – la signification qu'ils préfèrent leur donner, une

---

*Ces questions ont été envoyées à la New Knowledge Library par de nombreuses personnes parmi les premières à lire les informations apportées par les Alliés de l'humanité.

signification qui conforte et rassure la plupart du temps. Nous sommes certains qu'il y a suffisamment de preuves venant confirmer que l'Intervention est actuellement en cours dans le monde, si vous prenez le temps de regarder et d'investiguer ce sujet. Le fait que vos gouvernements ou vos dirigeants religieux ne révèlent pas de telles choses ne signifie pas qu'un événement si important n'est pas en train de se produire dans votre monde.

◆

« Comment les gens peuvent-ils savoir que vous existez réellement ? »

Pour ce qui est de notre réalité, nous ne pouvons pas vous prouver notre présence physique, vous devez donc discerner la signification et l'importance de nos paroles. À ce stade, ce n'est pas seulement une question de croyance. Cela exige une plus grande reconnaissance, une Connaissance, une résonance. Nous sommes certains que ce que nous vous disons est vrai, mais cela ne garantit pas que cela soit reçu comme tel. Nous ne pouvons pas contrôler la réponse à notre message. Il y a des gens qui exigent plus de preuves qu'il n'est possible de leur en donner. Pour d'autres, de telles preuves ne seront pas nécessaires, car ils ressentiront une confirmation intérieure.

En attendant, nous restons peut-être une source de controverse, et cependant nous espérons et nous pensons que nos paroles pourront être considérées sérieusement et que les preuves qui existent bel et bien, et qui sont considérables, pourront être rassemblées et comprises par ceux qui sont disposés à y consacrer leurs efforts et leur attention au cours de leur vie. De notre point de vue, il n'y a pas de plus grand problème, de plus grand défi et de plus grande opportunité qui ne doivent retenir autant votre attention.

Par conséquent, vous êtes au commencement d'une nouvelle compréhension. Cela requiert foi et indépendance. Nombreux sont ceux qui rejetteront nos messages simplement parce qu'ils ne croient pas que nous puissions effectivement exister. D'autres penseront peut-être que nous faisons partie d'une manipulation quelconque qui est dirigée contre ce monde. Nous ne pouvons pas contrôler ces réponses. Nous ne pouvons que révéler notre message et notre présence dans votre vie, même si cette présence est lointaine. Ce n'est pas notre présence ici qui est d'une importance capitale, mais le message que nous sommes venus vous révéler ainsi que la perspective et la compréhension plus grandes que nous pouvons vous apporter. Votre éducation doit commencer quelque part. Toute éducation commence avec le désir de savoir.

Nous espérons qu'à travers nos exposés nous pourrons gagner au moins partiellement votre confiance afin de commencer à révéler ce que nous sommes venus offrir.

◆

« *Qu'avez-vous à dire à ceux qui voient l'Intervention comme étant quelque chose de positif ?* »

Tout d'abord, nous comprenons que vous vous attendiez à ce que toute force venue du ciel soit associée à votre compréhension et à vos traditions spirituelles ainsi qu'à vos croyances fondamentales. L'idée qu'il existe une vie prosaïque dans l'univers représente un défi pour ces suppositions fondamentales. De notre perspective et en nous appuyant sur l'expérience de nos propres cultures, nous comprenons ces attentes. Dans un passé lointain, nous les entretenions nous-mêmes. Et pourtant nous avons dû les abandonner en nous confrontant aux réalités de la vie dans la Grande Communauté et à la signification des visites étrangères.

Vous vivez dans un vaste univers physique. Il est plein de vie. Cette vie se manifeste d'innombrables façons et représente également tous les niveaux de l'évolution de l'intelligence et de la conscience spirituelle. Cela signifie que ce que vous rencontrerez dans la Grande Communauté inclut presque toutes les possibilités.

Cependant, vous êtes isolés et vous ne voyagez pas encore dans l'espace. Et même si vous aviez la capacité d'atteindre un autre monde, l'univers est vaste, et personne n'a la capacité d'aller d'un bout à l'autre de la galaxie, quelle que soit la vitesse de voyage. Par conséquent, l'univers physique reste gigantesque et incompréhensible. Personne n'a réussi à maîtriser ses lois. Personne n'a encore jamais conquis ses territoires. Personne ne peut prétendre en avoir la domination complète ou le contrôle total. En ce sens, la vie nous rend bien plus humbles. Même bien au-delà de vos frontières, cela reste vrai.

Vous devriez donc vous attendre à rencontrer des formes d'intelligence représentant les forces du bien, les forces de l'ignorance et celles qui sont plus neutres à votre égard.

Cependant, les réalités des voyages et de l'exploration dans la Grande Communauté font que les races émergentes telles que la vôtre rencontreront, presque toutes sans exception, des explorateurs de ressources, des collectifs et ceux qui cherchent à tirer profit de cette émergence, en guise de premier contact avec la vie dans la Grande Communauté.

Concernant l'interprétation positive des visites extraterrestres, une partie provient des attentes des humains, du désir naturel d'envisager une issue favorable et du fait de chercher de l'aide auprès de la Grande Communauté pour les problèmes que l'humanité n'a pas été capable de résoudre par elle-même. Il est normal d'espérer de telles choses, particulièrement lorsque vous considérez que vos visiteurs ont de plus grandes capacités que vous. Cependant, une grande partie du problème dans l'interprétation des visites extraterrestres provient de la volonté et du programme mêmes des visiteurs. Car ils encouragent les gens où qu'ils soient à voir leur présence ici comme étant tout à fait bénéfique pour l'humanité et pour ses besoins.

◆

« Si cette Intervention est si avancée pourquoi n'êtes-vous pas venus plus tôt ? »

Par le passé, il y a de cela de nombreuses années, plusieurs groupes de vos alliés sont venus jusqu'à votre monde pour vous rendre visite et essayer d'apporter un message d'espoir, pour préparer l'humanité. Mais hélas, leurs messages n'ont pu être compris et ont été détournés par les quelques personnes qui ont pu les recevoir. À la suite de leur venue, les visiteurs issus de collectifs se sont amassés et rassemblés ici. Nous savions que cela se produirait car votre monde est bien trop précieux pour être négligé et, comme nous l'avons dit, il n'est pas situé dans une partie reculée et éloignée de l'univers. Votre monde a été observé depuis longtemps par ceux qui cherchent à l'utiliser pour leur propre bénéfice.

♦

« Pourquoi est-ce que nos alliés ne peuvent pas arrêter l'Intervention ? »

Nous sommes seulement ici pour observer et conseiller. Les grandes décisions face auxquelles se trouve l'humanité sont entre vos mains. Personne d'autre ne peut prendre ces décisions à votre place. Même vos grands amis bien au-delà de votre monde n'interviendraient pas, car s'ils le faisaient, cela causerait la guerre, et votre monde deviendrait un champ de bataille où des forces opposées s'affronteraient. Et si vos amis en sortaient victorieux, vous deviendriez complètement dépendants d'eux, incapables de subvenir à vos propres besoins ou de maintenir votre propre sécurité dans l'univers. Nous ne connaissons aucune race bienveillante qui chercherait à porter ce fardeau. Et en vérité, cela ne vous servirait pas non plus. Car vous deviendriez un état client d'une autre puissance et devriez être gouvernés à distance. Ce n'est en aucune façon bénéfique pour vous, et c'est pour cette raison que cela ne se produit pas.

Cependant, les visiteurs se présenteront comme les sauveurs et les libérateurs de l'humanité. Ils utiliseront votre naïveté. Ils tireront parti de vos attentes, et ils chercheront à profiter pleinement de votre confiance.

Par conséquent, nous désirons sincèrement que nos paroles servent d'antidote à leur présence, à leur manipulation et à leurs abus. Car ils violent vos droits. Ils infiltrent votre territoire. Ils persuadent vos gouvernements. Et ils réorientent vos idéologies et vos impulsions religieuses.

La voix de la vérité doit se faire entendre à cet égard. Et nous ne pouvons que compter sur le fait que vous pourrez recevoir cette voix de la vérité. Nous ne pouvons qu'espérer que la persuasion ne soit pas allée trop loin.

◆

« Quels objectifs réalistes pouvons-nous nous fixer, et qu'est-il essentiel de faire pour empêcher que l'humanité ne perde son autodétermination ? »

Le premier pas est la prise de conscience. Beaucoup de gens doivent prendre conscience du fait que la Terre est visitée et que des pouvoirs étrangers sont ici, opérant de manière clandestine, cherchant à dissimuler leur programme et leurs efforts à la compréhension humaine. Le fait que leur présence constitue un grand défi à la liberté et à l'autodétermination humaines doit être bien clair. Le programme qu'ils conduisent et le Programme de Pacification qu'ils commanditent doivent être contrecarrés par une attitude sobre et sage vis-à-vis de leur présence. Cette neutralisation doit avoir lieu. De nombreuses personnes dans le monde sont aujourd'hui capables de comprendre cela. Par conséquent, la première étape est la prise de conscience.

L'étape suivante est l'éducation. Il est nécessaire que de nombreuses personnes issues de différentes cultures et de différentes nations apprennent ce qu'est la vie dans la Grande Communauté et commencent à comprendre ce à quoi vous aurez à faire face, et ce à quoi vous faites déjà face en ce moment-même.

Les objectifs réalistes sont donc la prise de conscience et l'éducation. Cela suffirait en soi à faire obstacle au programme des visiteurs dans le monde. Ils opèrent actuellement avec très peu de résistance. Ils ne rencontrent que peu d'obstacles. Tous ceux qui cherchent à les considérer comme des « alliés de l'humanité » doivent apprendre que ce n'est pas le cas. Peut-être que nos paroles ne suffiront pas, mais c'est un début.

◆

« Où pouvons-nous trouver cette éducation ? »

Cette éducation peut être trouvée dans la Voie de la Connaissance de la Grande Communauté, qui est actuellement présentée dans le monde. Bien que cet enseignement présente une nouvelle compréhension de la vie et de la spiritualité dans l'univers, il est connecté à toutes les voies spirituelles authentiques qui existent déjà dans votre monde – des voies spirituelles qui accordent de la valeur à la liberté humaine et à la signification de la vraie spiritualité, et qui accordent de la valeur à la coopération, à la paix et à l'harmonie au sein de la famille humaine. Par conséquent, l'enseignement de la Voie de la Connaissance fait ressortir toutes les grandes vérités qui existent déjà dans votre monde et leur donne un contexte plus vaste et une plus grande arène d'expression. De cette manière, la Voie de la Connaissance de la Grande Communauté ne remplace pas les religions du monde, mais elle fournit un contexte plus large au sein duquel celles-ci peuvent réellement avoir un sens et être pertinentes pour votre époque.

◆

« Comment pouvons-nous transmettre votre message aux autres ? »

La vérité vit à l'intérieur de chaque personne en cet instant. Si vous pouvez vous adresser à la vérité qui réside en une autre personne, celle-ci deviendra plus forte et commencera à résonner. Notre grand espoir, l'espoir des Invisibles, ces forces spirituelles qui servent votre monde, et l'espoir de ceux qui accordent de la valeur à la liberté humaine et qui souhaitent vous voir émerger avec succès dans la Grande Communauté, dépendent de cette vérité qui réside à l'intérieur de chaque personne. Nous ne pouvons pas vous imposer cette prise de conscience. Nous pouvons seulement vous la révéler et faire confiance à la grandeur de la Connaissance que le Créateur vous a donnée et qui peut vous permettre, à vous et aux autres, de répondre.

◆

« Sur quelles forces l'humanité peut-elle compter pour s'opposer à l'Intervention ? »

A travers l'observation de votre monde et d'après ce que les Invisibles nous ont dit concernant ce que nous ne pouvions pas voir, nous comprenons avant tout que, bien qu'il y ait de grands problèmes dans le monde, il y a encore assez de liberté humaine pour vous donner une fondation vous permettant de vous opposer à l'Intervention. Ceci contraste avec beaucoup d'autres mondes au sein desquels la liberté individuelle n'a jamais été instaurée. Lorsque des forces étrangères interviennent dans les affaires de ces mondes et que ceux-ci font face à la réalité de la vie dans la Grande Communauté, leurs chances de parvenir à établir leur liberté et leur indépendance sont très minces.

Par conséquent, le fait que la liberté humaine soit connue dans votre monde et qu'elle soit exercée, peut-être pas par tout le monde mais par un bon nombre d'entre vous, s'avère être une grande force. Vous savez que vous avez quelque chose à perdre. Vous accordez de la valeur à ce que vous avez déjà, quelle que soit la mesure dans laquelle cela a été établi. Vous ne voulez pas être gouvernés par des puissances étrangères. Vous ne voulez même pas être gouvernés sévèrement par les autorités humaines. C'est donc un début.

Ensuite, étant donné que votre monde possède de riches traditions spirituelles qui ont encouragé la Connaissance en l'individu et qui ont encouragé la coopération et la compréhension humaines, la réalité de la Connaissance a déjà été établie. Là encore, pour d'autres mondes où la Connaissance n'a jamais été établie, la possibilité de réussir à l'établir au tournant que représente l'émergence dans la Grande Communauté est mince. La Connaissance est assez forte en suffisamment de gens ici pour que ceux-ci soient capables d'apprendre ce qu'est la réalité de la vie dans la Grande Communauté et de comprendre ce qui se passe dans leur monde en ce moment. C'est pour cette raison que nous avons bon espoir, car nous faisons confiance à la sagesse humaine. Nous avons confiance en la capacité des gens à s'élever au-dessus de leur égoïsme, de leur égocentrisme et de la protection de leurs idées pour voir la vie sous une perspective plus large et pour ressentir une plus grande responsabilité à se mettre au service de leurs semblables.

Peut-être notre foi est-elle infondée, mais nous avons confiance dans le fait que les Invisibles nous ont conseillés avec sagesse à cet égard. En conséquence, nous avons pris le risque de venir à proximité de votre monde et d'observer les événements qui se déroulent au-delà de vos frontières et qui affectent directement votre avenir et votre destinée.

L'humanité est très prometteuse. Vous devenez de plus en plus conscients des problèmes présents dans le monde – le manque de coopération entre les nations, la dégradation de votre environnement naturel, vos ressources qui diminuent, et ainsi de suite. Si ces problèmes vous étaient inconnus, si ces réalités vous avaient été cachées à un point tel que les gens n'auraient pas la moindre idée de l'existence de ces choses, alors nous n'aurions pas autant d'espoir. Cependant, la réalité demeure que l'humanité a le potentiel et la promesse de contrecarrer toute intervention dans le monde.

◆

« Cette Intervention va-t-elle devenir une invasion militaire ? »

Comme nous l'avons déjà mentionné, votre monde est trop précieux pour inciter à une invasion militaire. Aucun de ceux qui visitent votre monde ne veut détruire son infrastructure ni ses ressources naturelles. C'est pourquoi les visiteurs ne cherchent pas à détruire l'humanité, mais plutôt à faire en sorte que l'humanité collabore au service de leurs collectifs.

Ce n'est pas une invasion militaire qui vous menace. C'est un pouvoir d'incitation et de persuasion. Ce pouvoir s'appuiera sur votre propre faiblesse, sur votre propre égoïsme, sur votre ignorance de la vie dans la Grande Communauté et sur votre optimisme aveugle au sujet de votre avenir et de la signification de la vie au-delà de vos frontières.

Pour contrecarrer cela, nous vous fournissons une éducation et nous vous présentons les moyens de préparation qui sont envoyés dans le monde à l'heure actuelle. Si vous ne saviez pas déjà ce qu'est la liberté humaine, si vous n'étiez pas déjà conscients des problèmes endémiques à votre monde, alors nous ne pourrions pas vous confier une telle préparation. Et nous ne serions pas convaincus que nos paroles puissent résonner avec la vérité de ce que vous savez.

◆

« Pouvez-vous influencer les gens avec autant de force que les visiteurs, mais pour le bien ? »

Notre intention n'est pas d'influencer les individus. Notre intention est seulement de présenter le problème et la réalité dans laquelle vous émergez. Les Invisibles fournissent les moyens mêmes de préparation, qui viennent de Dieu. En ce sens, les Invisibles influencent les individus de manière bénéfique. Mais il y a des restrictions. Comme nous l'avons dit, c'est votre autodétermination qui doit être renforcée. C'est votre pouvoir qui doit s'accroître. C'est votre coopération au sein de la famille humaine qui doit être encouragée.

Il y a des limites quant à l'aide que nous pouvons fournir. Nous sommes un petit groupe. Nous ne sommes pas parmi vous. Aussi, la grande compréhension de votre nouvelle réalité doit être partagée de personne à personne. Elle ne peut vous être imposée par un pouvoir étranger, même si c'était pour votre propre bien. Nous n'encouragerions pas votre liberté et votre autodétermination si nous commanditions un tel programme de persuasion. Dans ce domaine, vous ne pouvez pas vous comporter comme des enfants. Vous devez devenir matures et responsables. C'est votre liberté qui est en jeu. C'est votre monde qui est en jeu. Ceci requiert que vous coopériez les uns avec les autres.

Vous avez maintenant une grande cause pour unifier votre race, car aucun de vous ne tirera de bénéfice de la situation sans les autres. Aucune nation ne tirerait parti de la situation si une autre nation venait à tomber sous le contrôle étranger.

La liberté humaine doit être totale. La coopération doit prendre place dans le monde entier. Car vous êtes tous dans la même situation maintenant. Les visiteurs ne favorisent pas un groupe plutôt qu'un autre, une race plutôt qu'une autre, une nation plutôt qu'une autre. Ils cherchent seulement la voie de moindre résistance pour établir leur présence et leur domination au sein de votre monde.

◆

« Quelle est l'ampleur de leur infiltration au sein de l'humanité ? »

Les visiteurs ont une présence considérable parmi les nations les plus avancées de votre monde, particulièrement dans les pays d'Europe, en Russie, au Japon et en Amérique. Ces nations sont perçues comme étant les plus fortes, ayant le plus de pouvoir et d'influence. C'est là que les visiteurs vont se concentrer. Cependant, ils prennent des gens partout dans le monde et ils poursuivent leur Programme de Pacification avec tous ceux qu'ils capturent, si ces individus se montrent réceptifs à leur influence. Par conséquent, la présence des visiteurs est mondiale, mais ils se concentrent sur ceux qu'ils espèrent voir devenir leurs alliés. Il s'agit là des nations, des gouvernements et des dirigeants religieux détenant le plus grand pouvoir et la plus forte influence sur la pensée et les convictions humaines.

◆

« De combien de temps disposons-nous ? »

Combien de temps vous reste-t-il ? Vous avez du temps ; combien précisément, nous ne pouvons le dire. Mais nous venons avec un message urgent. Ce n'est pas un problème qui peut simplement être évité ou nié. D'après nous, il s'agit du défi le plus important auquel l'humanité doit faire face. C'est de la plus haute importance, la priorité absolue. Vous êtes en retard dans votre préparation. Ceci est dû à de nombreux facteurs qui échappent à notre contrôle. Mais vous avez du temps, si vous pouvez répondre. Le résultat est incertain et cependant il y a encore de l'espoir quant à votre réussite.

◆

« Comment pouvons-nous nous concentrer sur cette Intervention, compte tenu de l'ampleur des autres problèmes mondiaux qui nous préoccupent en ce moment ? »

Tout d'abord, nous avons le sentiment qu'il n'y a aucun problème dans le monde qui ne soit aussi important que celui-là. De notre point de vue, tout ce que vous pourriez résoudre par vous-mêmes n'aura que peu d'importance pour votre avenir si vous perdez votre liberté. Que pourriez-vous espérer gagner ? Que pourriez-vous espérer accomplir ou protéger si vous n'êtes pas libres dans la Grande Communauté ? Tous vos accomplissements iraient à vos nouveaux gouverneurs ; toute votre richesse leur serait attribuée. Et bien que vos visiteurs ne soient pas cruels, ils sont complètement impliqués dans leur programme. Votre valeur ne réside que dans votre utilité à leur cause. C'est pour cette raison qu'il ne nous semble pas qu'il y ait d'autres problèmes auxquels l'humanité soit confrontée qui soient aussi importants que celui-là.

◆

« Qui est susceptible de répondre à cette situation ? »

Concernant ceux qui peuvent répondre, il y a de nombreuses personnes dans le monde aujourd'hui qui ont une connaissance inhérente de la Grande Communauté et qui y sont sensibles. Il y en a beaucoup d'autres qui ont déjà été enlevées par les visiteurs mais qui n'ont pas cédé aux visiteurs ni à leur persuasion. Et il y en a encore beaucoup d'autres qui s'inquiètent du futur de l'humanité et qui sont alertées des dangers auxquels l'humanité est confrontée, même dans votre propre monde. Les personnes appartenant à une ou plusieurs de ces trois catégories peuvent être parmi les premières à répondre à la réalité de la Grande Communauté et à la préparation pour la Grande Communauté. Elles peuvent venir de n'importe quel milieu, de n'importe quelle nation, de n'importe quelle éducation religieuse ou de n'importe quel milieu socio-économique. Elles sont littéralement dispersées dans le monde entier. Les grands Pouvoirs Spirituels qui protègent et surveillent le bien-être humain dépendent de ces individus et de leur réponse.

◆

« Vous mentionnez que des individus du monde entier se font enlever. Comment les gens peuvent-ils se protéger ou protéger les autres de ces enlèvements ? »

Plus vous pouvez devenir forts en la Connaissance et conscients de la présence des visiteurs, moins vous êtes des sujets désirables pour leur étude et leur manipulation. Plus vous utilisez vos rencontres avec eux afin de mieux saisir qui ils sont, plus vous devenez un danger pour eux. Comme nous l'avons dit, ils cherchent la voie de moindre résistance. Ils veulent des individus qui soient obéissants et dociles. Ils cherchent ceux qui leur causeront peu de problèmes et de souci.

Cependant, à mesure que vous deviendrez forts en la Connaissance, vous échapperez à leur contrôle parce qu'ils ne pourront alors plus capturer votre esprit ou votre cœur. Et avec le temps, vous aurez le pouvoir de perception vous permettant de lire dans leur esprit, ce qu'ils ne souhaitent pas. Vous deviendrez alors un danger pour eux, une difficulté, et ils vous éviteront s'ils le peuvent.

Les visiteurs ne cherchent pas à être démasqués. Ils ne souhaitent pas le conflit. Et ils ont une confiance excessive dans le fait qu'ils peuvent atteindre leurs objectifs sans résistance sérieuse de la part de la famille humaine. Mais une fois qu'une telle résistance s'organise, une fois que le pouvoir de la Connaissance s'éveille en l'individu, alors les visiteurs font face à un obstacle beaucoup plus redoutable. Leur intervention se trouve ici contrecarrée et plus difficile à mettre en œuvre. Et persuader ceux qui sont au pouvoir devient plus difficile à accomplir. Par conséquent, c'est la réponse de l'individu et son engagement vis-à-vis de la vérité qui sont essentiels ici.

Devenez conscients de la présence des visiteurs. Ne vous laissez pas persuader que leur présence ici est de nature spirituelle, ou qu'elle apporte un grand bénéfice ou le salut à l'humanité. Résistez à la persuasion. Reprenez votre autorité intérieure propre, le grand don que le Créateur vous a conféré. Devenez une force qui doit être prise en compte par tout individu qui piétinerait ou nierait vos droits fondamentaux.

Il s'agit là de l'expression du Pouvoir Spirituel. C'est la volonté du Créateur que l'humanité émerge dans la Grande Communauté, unie et libre de l'intervention et de la domination étrangères. C'est la volonté du Créateur que vous vous prépariez pour un avenir qui ne ressemblera pas à votre passé. Nous sommes ici au service du Créateur, d'où notre présence et nos messages pour servir ce but.

◆

« Si les visiteurs se heurtent à une résistance de la part de l'humanité ou de certains individus, viendront-ils en plus grand nombre, ou bien partiront-ils ? »

Ils sont peu nombreux. S'ils rencontraient une résistance considérable, ils devraient se retirer et élaborer de nouveaux plans. Ils sont entièrement convaincus que leur mission peut être accomplie sans obstacles sérieux. Mais si de sérieux obstacles se dressaient, alors leur intervention et leur persuasion seraient contrecarrées, et il leur faudrait trouver d'autres moyens d'entrer en contact avec l'humanité.

Nous sommes confiants dans le fait que la famille humaine peut générer suffisamment de résistance et parvenir au consensus nécessaire pour contrebalancer ces influences. C'est sur cette base que reposent notre espoir et nos efforts.

◆

« Quelles sont les questions les plus importantes que nous devons poser, à nous-mêmes et aux autres, à propos de ce problème d'infiltration étrangère ? »

Peut-être que les questions les plus essentielles à vous poser sont les suivantes : « Nous, les êtres humains, sommes-nous seuls dans l'univers ou dans notre propre monde ? Sommes-nous visités par d'autres races en ce moment ? Cette présence nous est-elle bénéfique ? Avons-nous besoin de nous préparer ? »

Ce sont des questions tout à fait fondamentales, mais elles doivent être posées. Il y a cependant de nombreuses questions auxquelles il ne sera pas possible de répondre car vous n'en savez pas encore suffisamment sur la vie dans la Grande Communauté, et vous n'avez pas encore confiance en votre capacité à contrecarrer ces influences. Il y a beaucoup d'éléments qui manquent dans l'éducation humaine, laquelle est essentiellement axée sur le passé. L'humanité émerge d'une très longue phase d'isolement relatif. Son éducation, ses valeurs et ses institutions ont toutes été établies dans cet état d'isolement. Mais, votre isolement est désormais terminé, et ce, pour toujours.

Cela devait arriver. Il était inévitable que cela arrive. De ce fait, votre éducation et vos valeurs entrent dans un nouveau contexte auquel elles doivent s'adapter. Et cette adaptation doit se faire rapidement à cause de la nature de l'Intervention qui a lieu dans le monde actuellement.

Il y aura de nombreuses questions auxquelles vous ne pourrez pas répondre. Vous devez vivre avec ces questions. Votre éducation sur la Grande Communauté n'en est qu'à ses tout débuts. Vous devez l'approcher avec beaucoup de sobriété et de précaution. Vous devez contrebalancer vos propres tendances à vouloir rendre la situation agréable ou rassurante. Vous devez développer une objectivité par rapport à la vie, et vous devez regarder au-delà de votre propre sphère d'intérêts personnels afin d'être en mesure de répondre aux forces et aux événements plus grands qui façonnent votre monde et votre avenir.

◆

« Qu'arrivera-t-il si trop peu de gens répondent ? »

Nous sommes confiants qu'un nombre suffisant de personnes pourront répondre et commencer leur grande éducation sur la vie dans la Grande Communauté afin d'apporter promesse et espoir à la famille humaine. Si cela ne peut être accompli, alors ceux qui accordent de la valeur à leur liberté et qui ont cette éducation devront se retirer. Ils devront garder la Connaissance vivante dans le monde alors que celui-ci tombe sous un contrôle total. Il s'agit là d'une alternative très grave, et pourtant cela s'est produit dans d'autres mondes. Le retour vers la liberté à partir d'une telle position est très difficile. Nous espérons que cela ne sera pas votre sort, et c'est pourquoi nous sommes ici pour vous procurer ces informations. Comme nous l'avons dit, il y a suffisamment de gens dans le monde qui peuvent répondre pour contrer les intentions des visiteurs et repousser leur influence sur les affaires et les valeurs humaines.

◆

« Vous parlez d'autres mondes qui émergent dans la Grande Communauté. Pouvez-vous parler de certaines réussites et de certains échecs qui pourraient avoir une incidence sur notre situation ? »

Certains ont réussi, sinon nous ne serions pas ici. Dans mon cas – je suis le porte-parole de notre groupe – notre monde avait déjà été grandement infiltré avant que nous nous rendions compte de la situation. Notre éducation fut suscitée par l'arrivée d'un groupe tel que le nôtre, nous fournissant vision et information sur notre situation. Nous avions des négociateurs de ressources étrangers dans notre monde qui interagissaient avec notre gouvernement. Ceux qui étaient au pouvoir à cette époque-là furent persuadés que le commerce et les échanges nous seraient bénéfiques, car nos ressources commençaient à s'épuiser. Bien que notre race était unie, contrairement à la vôtre, nous avons commencé à dépendre complètement de la nouvelle technologie et des opportunités qui nous étaient présentées. Mais à mesure que cela se produisait, le centre du pouvoir s'est déplacé. Nous devenions les clients. Les visiteurs devenaient les fournisseurs. Au fil du temps, des conditions et des restrictions nous furent imposées, subtilement dans un premier temps.

Nos intérêts religieux ainsi que nos croyances religieuses furent également influencés par les visiteurs qui montraient de l'intérêt pour nos valeurs spirituelles mais qui souhaitaient nous apporter une nouvelle compréhension, une compréhension basée sur le collectif, basée sur la coopération entre esprits qui pensent de la même manière, à l'unisson les uns avec les autres. Cela a été présenté à notre race comme une expression de la spiritualité et de l'accomplissement. Certains furent persuadés, et cependant, ayant été bien conseillés par nos alliés au-delà de notre monde, des alliés tels que nous le sommes, nous avons commencé à organiser un mouvement de résistance et, avec le temps, nous avons été capables de forcer les visiteurs à quitter notre monde.

Depuis ce temps-là, nous avons beaucoup appris sur la Grande Communauté. Le commerce que nous maintenons, avec quelques autres nations seulement, est très sélectif. Nous avons été capables d'éviter les collectifs, ce qui a préservé notre liberté. Et pourtant, il nous a été difficile de réussir, car beaucoup d'entre nous sont morts au cours de ce conflit. Notre histoire est celle d'une réussite, mais qui a eu un coût. Dans notre groupe, d'autres ont rencontré des difficultés similaires dans leur interaction avec les forces d'intervention de la Grande Communauté. Mais comme nous avons fini par apprendre à voyager au-delà de nos frontières, nous nous sommes alliés entre nous. Nous avons pu apprendre ce que signifie la spiritualité dans la Grande Communauté. Et les Invisibles, qui servent également notre monde, nous ont aidés à cet égard à faire la grande transition de l'isolement à la conscience de la réalité de la Grande Communauté.

Il y a eu cependant de nombreux échecs dont nous avons eu connaissance – des cultures au sein desquelles les peuples autochtones n'avaient pas établi de liberté personnelle ou n'avaient pas expérimenté les avantages de la coopération, quand bien même elles progressaient sur le plan technologique. Ces cultures n'avaient pas de fondation pour établir leur propre indépendance dans l'univers. Leur capacité à résister aux collectifs était très limitée. Séduites par les promesses d'une plus grande puissance, d'une plus grande technologie et d'une plus grande richesse, et séduites par les bénéfices apparents qu'offre le commerce dans la Grande Communauté, le centre de leur pouvoir quitta leur monde. Au final, elles devinrent complètement dépendantes de ceux qui les approvisionnaient et qui avaient pris le contrôle de leurs ressources et de leurs infrastructures.

Vous pouvez sûrement imaginer comment cela pourrait se produire. Même dans votre propre monde, au cours de votre histoire, vous avez vu de petites nations tomber sous la domination de plus grandes. Vous pouvez encore le voir aujourd'hui. Par conséquent, ces idées ne vous sont pas complètement étrangères. Dans la Grande Communauté, comme dans votre monde, les forts domineront les faibles, s'ils le peuvent. C'est une réalité de la vie partout dans l'univers. Et c'est pour cette raison que nous encourageons votre prise de conscience et votre préparation, afin que vous puissiez devenir forts et que votre autodétermination puisse croître.

Pour beaucoup d'entre vous, le fait de comprendre et d'apprendre que la liberté est rare dans l'univers peut s'avérer une grande déception. À mesure que les nations deviennent plus fortes et plus technologiques, elles exigent de leurs peuples de plus en plus d'uniformité et de conformité. Lorsqu'elles émergent dans la Grande Communauté et qu'elles s'impliquent dans les affaires de la Grande Communauté, la tolérance pour l'expression individuelle diminue au point que de grandes nations qui détiennent la richesse et le pouvoir, sont gouvernées avec une sévérité et des exigences que vous trouveriez intolérables.

Ici, vous devez apprendre que l'avancement technologique et l'avancement spirituel sont deux choses différentes, une leçon que l'humanité doit encore apprendre et que vous devez apprendre afin que vous puissiez exercer votre sagesse naturelle dans ces domaines.

Votre monde est considéré comme très précieux. Il est biologiquement riche. Vous êtes assis sur un trésor que vous devez protéger si vous voulez en être les intendants et les bénéficiaires. Songez aux peuples de votre monde qui ont perdu leur liberté parce qu'ils vivaient dans un endroit que d'autres considéraient comme précieux. C'est désormais la famille humaine toute entière qui se trouve face à un tel danger.

◆

« Étant donné que les visiteurs sont si doués pour projeter des pensées et influencer l'Environnement Mental des gens, comment pouvons-nous nous assurer que ce que nous voyons est réel ? »

La culture de la Connaissance est la seule fondation possible pour percevoir avec sagesse. Si vous ne croyez que ce que vous voyez, alors vous ne croirez que ce qui vous sera montré. On nous a dit que beaucoup de gens ont cette attitude. Nous avons cependant appris que le Sage où qu'il soit doit acquérir une plus grande vision et un plus grand discernement. Il est vrai que vos visiteurs peuvent projeter des images de vos saints et de vos figures religieuses. Bien que peu pratiqué, cela peut certainement être utilisé pour susciter engagement et dévouement parmi ceux qui ont déjà cédé à de telles croyances. Ici, votre spiritualité devient une zone de vulnérabilité au sein de laquelle la Sagesse doit être utilisée.

Mais le Créateur vous a donné la Connaissance, qui est la fondation permettant un discernement véritable. Vous pouvez discerner ce que vous voyez en vous demandant si c'est bien réel. Mais pour y parvenir, vous devez avoir cette fondation, et c'est pourquoi l'enseignement de la Voie de la Connaissance est si fondamental pour apprendre la Spiritualité de la Grande Communauté. Sans cela, les gens croiront ce qu'ils veulent croire, et ils se fieront à ce qu'ils voient et à ce qu'on leur montre. Et leur liberté potentielle aura déjà été perdue, car celle-ci n'aura jamais eu la possibilité de se développer dès le départ.

◆

« Vous parlez de garder la Connaissance vivante. Combien de
gens faudra-t-il pour garder la Connaissance vivante dans
le monde ? »

Nous ne pouvons pas vous donner un nombre, mais celui-ci doit être suffisamment important pour générer une voix au sein de vos propres cultures. Si ce message ne peut être reçu que par un petit nombre d'individus, ceux-ci n'auront pas cette voix ou cette force. Ici, ils doivent partager leur sagesse. Cela ne peut être uniquement pour leur propre édification. Beaucoup plus d'individus doivent prendre connaissance de ce message, bien plus encore que ceux qui peuvent le recevoir aujourd'hui.

◆

« Y a-t-il un danger à présenter ce message ? »

Il y a toujours un danger à présenter la vérité, non seulement dans votre monde, mais aussi ailleurs. Les gens tirent parti des circonstances telles qu'elles existent actuellement. Les visiteurs offriront des avantages à ceux qui sont au pouvoir qui peuvent les recevoir et qui ne sont pas forts en la Connaissance. Les gens s'habituent à ces avantages et construisent leur vie à partir de ceux-ci. Cela les rend résistants voire même hostiles à la présentation de la vérité, qui fait appel à leur responsabilité d'être au service des autres et qui peut menacer la source de leur richesse et de leur réussite.

C'est pourquoi nous sommes cachés et ne foulons pas votre sol. Les visiteurs nous élimineraient certainement s'ils pouvaient nous trouver. Mais l'humanité pourrait également chercher à nous détruire en raison de ce que nous représentons, à cause du défi et de la nouvelle réalité que nous démontrons. Tout le monde n'est pas prêt à recevoir la vérité bien que vous en ayez grandement besoin.

◆

« Les individus forts en la Connaissance peuvent-ils influencer les visiteurs ? »

Les chances de réussite sont ici très minces. Vous avez affaire à un collectif d'êtres qui ont été élevés pour être obéissants, et dont la vie et l'expérience toutes entières ont été délimitées et engendrées par une mentalité collective. Ils ne pensent pas par eux-mêmes. C'est pourquoi nous n'avons pas le sentiment que vous puissiez les influencer. Il y a très peu de gens au sein de la famille humaine qui ont la force de le faire, et même dans ce cas-là, les chances de réussite seraient très limitées. La réponse doit donc être « non. » En pratique, vous ne pouvez pas les rallier à votre cause.

◆

« En quoi les collectifs sont-ils différents d'une humanité unie ? »

Les collectifs sont constitués de différentes races et de ceux qui sont élevés pour servir ces races. Bon nombre des êtres que l'on peut rencontrer dans le monde sont élevés par les collectifs pour être des serviteurs. Ils ont perdu leur héritage génétique il y a bien longtemps. Ils sont élevés pour servir, tout comme vous élevez des animaux pour vous servir. La coopération humaine que nous encourageons est une coopération qui préserve l'autodétermination des individus et qui offre une position de force à partir de laquelle l'humanité peut interagir, non seulement avec les collectifs mais aussi avec d'autres races qui apparaîtront sur vos rivages dans le futur.

Un collectif est organisé autour d'une croyance, d'un ensemble de principes et d'une autorité. Il est centré sur l'allégeance totale à une idée ou à un idéal. Ceci est non seulement ancré par l'éducation de vos visiteurs, mais aussi dans leur code génétique. C'est pourquoi ils se comportent de cette manière. C'est à la fois leur force et leur faiblesse. Ils ont une grande force dans l'Environnement Mental parce que leurs esprits sont unis. Mais ils sont faibles parce qu'ils ne peuvent pas penser par eux-mêmes. Ils ne peuvent pas faire face aux complexités ou à l'adversité avec beaucoup d'efficacité. Un homme ou une femme de la Connaissance serait incompréhensible pour eux.

L'humanité doit s'unir pour préserver sa liberté, mais c'est une entreprise très différente de la création d'un collectif. Nous les appelons « collectifs » parce que ce sont des collectifs de races et de nationalités différentes. Les collectifs ne sont pas composés d'une seule race. Bien qu'il y ait de nombreuses races dans la Grande Communauté qui soient gouvernées par une autorité dominante, un collectif est une organisation qui s'étend au-delà de l'allégeance d'une race à son propre monde.

Les collectifs peuvent être très puissants. Cependant, comme il existe de nombreux collectifs, ils ont tendance à rivaliser entre eux, ce qui empêche la domination d'un collectif sur les autres. De plus, plusieurs nations dans la Grande Communauté entretiennent de vieux différends entre elles, qui sont difficiles à surmonter. Peut-être ont-elles rivalisé pendant longtemps pour obtenir les mêmes ressources. Peut-être rivalisent-elles entre elles pour vendre les ressources dont elles disposent. Mais un collectif est tout à fait différent. Comme nous le disons ici, il ne se fonde pas sur une seule race et un seul monde. Les collectifs sont le résultat de conquêtes et de domination. C'est pourquoi vos visiteurs sont composés de différentes races d'êtres placées à différents niveaux d'autorité et de commandement.

◆

« Au sein d'autres mondes qui se sont unifiés avec succès, la liberté de pensée individuelle a-t-elle été maintenue ? »

À des degrés variables. Pour certaines races à un très haut degré, d'autres moins, selon leur histoire, leur constitution psychologique et les besoins relatifs à leur propre survie. Votre vie dans le monde a été relativement facile comparée aux endroits où d'autres races se sont développées. La plupart des endroits où la vie intelligente existe ont été colonisés, car il n'y a pas beaucoup de planètes terrestres, telles que la vôtre, qui offrent une telle richesse de ressources biologiques. Leur liberté a dépendu, en grande partie, de la richesse de leur environnement. Mais elles ont toutes réussi à contrecarrer l'infiltration étrangère et elles ont établi leurs propres lignes d'échanges, de commerce et de communication, basées sur leur propre autodétermination. Il s'agit d'un accomplissement rare qui doit être gagné et protégé.

◆

« Que faudra-t-il faire pour atteindre l'unité humaine ? »

L'humanité est très vulnérable dans la Grande Communauté. Avec le temps, cette vulnérabilité peut encourager une coopération fondamentale au sein de la famille humaine, car vous devez vous associer et vous unir pour survivre et avancer. Avoir une conscience de la Grande Communauté inclut cela. Si cette unité et cette coopération sont basées sur les principes de la contribution humaine, de la liberté et de l'expression personnelle, alors votre autosuffisance peut devenir très solide et très riche. Mais il doit y avoir une plus grande coopération dans le monde. Les gens ne peuvent pas vivre uniquement pour eux-mêmes ou placer leurs propres objectifs personnels au-dessus et au-delà des besoins de tous les autres. Certains peuvent voir cela comme une perte de liberté. Nous le voyons comme une garantie de liberté future. Étant donné les attitudes qui prévalent actuellement dans votre monde, votre liberté future serait très difficile à assurer ou à maintenir. Faites attention : ceux qui sont menés par leur propre égoïsme sont de parfaits candidats pour une influence et une manipulation étrangères. S'ils occupent des positions de pouvoir, ils céderont les richesses de leur nation, la liberté de leur nation et les ressources de leur nation pour obtenir des bénéfices personnels.

Par conséquent, une plus grande coopération est nécessaire. Vous pouvez certainement le voir. C'est parfaitement visible, y compris dans votre propre monde. Mais il s'agit de quelque chose de très différent de la vie d'un collectif où les races ont été dominées et contrôlées, où ceux qui sont soumis sont assimilés par les collectifs et ceux qui ne le sont pas sont rejetés ou éliminés. Un ordre ainsi établi, bien qu'il puisse avoir une influence considérable, ne peut certainement pas être bénéfique pour ses membres. Et pourtant, c'est la voie que beaucoup ont suivie dans la Grande Communauté. Nous ne souhaitons pas voir l'humanité tomber dans une telle organisation. Ce serait une grande tragédie et une grande perte.

◆

« En quoi la perspective humaine est-t-elle différente de la vôtre ? »

L'une des différences est que nous avons développé une conscience de la Grande Communauté, qui est une manière moins égocentrique de regarder le monde. C'est un point de vue qui procure une grande clarté et peut amener une grande assurance vis-à-vis des petits problèmes auxquels vous faites face dans vos activités quotidiennes. Si vous pouvez résoudre un grand problème, vous pouvez en résoudre de plus petits. Vous avez un grand problème. Chaque être humain dans le monde fait face à ce grand problème. Il peut vous unir et vous permettre de surmonter vos différences et vos conflits de longue date. Il est aussi grand et puissant. C'est pourquoi nous disons qu'il y a une possibilité de rédemption au sein même des circonstances qui menacent votre bien-être et votre avenir.

Nous savons que le pouvoir de la Connaissance en l'individu peut restaurer cet individu et toutes ses relations et les porter à un plus haut degré d'accomplissement, de reconnaissance et de capacité. Vous devez découvrir cela par vous-mêmes.

Nos vies sont très différentes. L'une de ces différences est que nos vies sont vouées au service, un service que nous avons choisi. Nous avons la liberté de choisir, donc notre choix est réel, significatif et il se fonde sur notre propre compréhension. Au sein de notre groupe se trouvent des représentants venus de plusieurs mondes différents. Nous sommes venus ensemble au service de l'humanité. Nous représentons une plus grande alliance, dont la nature est davantage spirituelle.

◆

« Ce message est transmis à un seul homme. Pourquoi ne contactez-vous pas tout le monde si c'est si important ? »

C'est simplement une question d'efficacité. Nous ne contrôlons pas qui est sélectionné pour nous recevoir. Il s'agit là du choix des Invisibles, ceux que vous pourriez légitimement appeler « les Anges ». C'est ainsi que nous les considérons. Ils ont sélectionné cette personne, une personne qui n'occupe aucune position dans le monde, qui n'est pas reconnue dans le monde, un individu qui a été choisi en raison de ses qualités et en raison de son héritage dans la Grande Communauté. Nous sommes ravis d'avoir un individu à travers lequel nous pouvons parler. Si nous parlions par l'intermédiaire de plusieurs individus, ils pourraient être en désaccord les uns avec les autres, et le message s'embrouillerait et se perdrait.

Nous comprenons, à partir de notre propre étude de la Voie de la Connaissance, que la transmission de la sagesse spirituelle est généralement donnée à un individu, soutenu par d'autres. Cet individu doit porter le poids, le fardeau et le risque d'être ainsi choisi. Nous le respectons pour ce rôle, et nous comprenons le fardeau que cela peut représenter. Cela sera peut-être mal interprété et c'est pourquoi le Sage doit rester caché. Nous devons rester cachés. Il doit rester caché. De cette manière, le message peut être transmis et le messager peut être préservé. Car il y aura de l'hostilité envers ce message. Les visiteurs s'y opposeront et s'y opposent déjà. Leur opposition peut être considérable, mais elle sera principalement dirigée contre le messager lui-même. C'est pour cette raison que le messager doit être protégé.

Nous savons que les réponses à ces questions amèneront davantage de questions. Et beaucoup de ces questions ne trouveront pas de réponse, peut-être même pendant longtemps. Le Sage, où qu'il soit, doit vivre avec des questions pour lesquelles il n'a pas encore de réponse. C'est par sa patience et sa persévérance que les véritables réponses émergent et que le Sage est capable d'en faire l'expérience et la démonstration.

L'humanité est à l'aube d'un nouveau commencement. Elle fait face à une situation grave. Le besoin d'une éducation et d'une compréhension nouvelles est crucial. Nous sommes ici pour servir ce besoin, à la demande des Invisibles. Ils comptent sur nous pour partager notre sagesse, car nous vivons dans l'univers physique, tout comme vous. Nous ne sommes pas des êtres angéliques. Nous ne sommes pas parfaits. Nous n'avons pas atteint un niveau très élevé de conscience et d'accomplissement spirituels. Et par conséquent, nous pensons que le message que nous vous apportons concernant la Grande Communauté sera plus pertinent et plus facilement reçu. Les Invisibles en savent beaucoup plus que nous au sujet de la vie dans l'univers et des niveaux d'avancement et d'accomplissement qui existent et sont pratiqués en de nombreux endroits. Cependant, ils nous ont demandé de vous parler de la réalité de la vie physique parce que nous y sommes complètement engagés. Et nous avons appris à travers nos propres essais et erreurs l'importance et la signification de ce que nous partageons avec vous.

Ainsi, nous venons en tant qu'Alliés de l'humanité, car c'est là ce que nous sommes. Soyez reconnaissants d'avoir des alliés qui peuvent vous aider et vous éduquer, et qui peuvent soutenir votre force, votre liberté et votre accomplissement. Car sans cette assistance, votre perspective de survie face au type d'infiltration extraterrestre dont vous faites actuellement l'expérience serait très limitée. Oui, il y aurait bien quelques individus qui finiraient par se rendre compte de la situation réelle, mais leur nombre ne serait pas suffisant, et leurs voix ne seraient pas entendues.

À cet égard, nous ne pouvons que vous demander de nous accorder votre confiance. Nous espérons que grâce à la sagesse de nos paroles et aux occasions que vous avez d'apprendre leur sens et leur pertinence, nous pourrons gagner cette confiance au fil du temps, car vous avez des alliés dans la Grande Communauté. Vous avez de grands amis au-delà de ce monde qui ont été confrontés aux défis auxquels vous êtes actuellement confrontés et qui ont réussi à s'en sortir. Puisque nous avons été aidés, nous devons maintenant aider les autres. C'est notre engagement sacré. C'est à cette cause que nous nous sommes fermement dévoués.

LA SOLUTION

FONDAMENTALEMENT,
LA SOLUTION À L'INTERVENTION NE RÉSIDE NI DANS LA
TECHNOLOGIE, NI DANS LA POLITIQUE, NI DANS LA
FORCE MILITAIRE.

Elle réside dans le renouveau de l'esprit humain.

Elle nécessite que les gens prennent conscience de l'Intervention et s'élèvent contre celle-ci.

Elle nécessite de mettre fin à l'isolement et au ridicule qui empêchent les gens d'exprimer ce qu'ils voient et savent.

Elle nécessite de dépasser la peur, la fuite, les fantasmes et la tromperie.

Elle nécessite que les gens deviennent forts, conscients et autonomes.

Les Alliés de l'humanité apportent les conseils essentiels qui nous permettent de reconnaître l'Intervention pour ce qu'elle est et de contrebalancer ses influences. Pour parvenir à cela, les Alliés nous exhortent à exercer notre intelligence innée et le droit qui est le nôtre d'accomplir notre destinée en tant que race libre dans la Grande Communauté.

IL EST TEMPS DE COMMENCER.

IL Y A UN NOUVEL ESPOIR DANS LE MONDE

L'espoir dans le monde est ravivé par ceux qui se renforcent en la Connaissance. L'espoir peut s'évanouir puis être ranimé. Il peut sembler aller et venir, en fonction de la manière dont les gens sont influencés et des choix qu'ils font pour eux-mêmes. L'espoir repose en vous. Le fait que les Invisibles soient ici ne signifie pas qu'il y ait de l'espoir, car sans vous, il n'y aurait aucun espoir. Car vous, et d'autres personnes comme vous, apportez un nouvel espoir dans le monde parce que vous apprenez à recevoir le don de la Connaissance. C'est cela qui apporte un nouvel espoir dans le monde. Peut-être ne pouvez-vous pas vous en rendre compte pleinement pour l'instant. Peut-être cela semble-t-il au-delà de votre compréhension. Mais d'une plus grande perspective, cela est si vrai et si important !

L'émergence du monde dans la Grande Communauté témoigne de cela, car si personne ne se préparait à la Grande Communauté, l'espoir paraîtrait disparaître. Et la destinée de l'humanité paraîtrait tout à fait prévisible. Mais étant donné qu'il y a de l'espoir dans le monde, étant donné qu'il y a de l'espoir en vous et en d'autres personnes comme vous qui répondez à un plus grand appel, la destinée de l'humanité montre une plus grande promesse et la liberté de l'humanité pourrait bien être assurée.

◆

EXTRAIT DE *LES PAS VERS LA CONNAISSANCE – ENTRAÎNEMENT COMPLÉMENTAIRE*

Résistance

&

Autonomie

◆

RÉSISTANCE & AUTONOMIE

L'éthique du contact

Les Alliés nous encouragent constamment à prendre un rôle actif pour discerner et comprendre l'Intervention extraterrestre qui se déroule dans notre monde aujourd'hui et pour nous y opposer. Cela implique de comprendre nos droits et nos priorités en tant que peuple autochtone de ce monde et d'établir nos propres Règles d'Engagement vis-à-vis de tout contact, présent et futur, avec d'autres races d'êtres.

L'observation du monde naturel et du cours de l'histoire humaine nous démontre largement les leçons d'une intervention : la compétition pour les ressources fait partie intégrante de la nature ; l'intervention d'une culture au sein d'une autre culture est toujours menée à des fins personnelles et a un impact destructeur sur la culture et la liberté des peuples découverts ; et les forts dominent toujours les plus faibles, s'ils le peuvent.

Bien qu'il soit concevable que les races extraterrestres visitant notre monde puissent être une exception à cette règle, une telle exception nécessiterait d'être prouvée sans l'ombre d'un doute, en donnant à l'humanité le droit d'évaluer toute proposition de visite. Cela n'a certainement pas eu lieu. Au contraire, dans l'expérience du Contact que l'humanité a eue jusqu'à présent, nous avons vu notre autorité et nos droits de propriété, en tant que peuple autochtone de ce monde, contournés. Les « visiteurs » ont poursuivi leur programme propre, sans se soucier de l'approbation de l'humanité ou de sa participation consciente.

Comme l'indiquent clairement les exposés des Alliés et une grande partie de la recherche sur le phénomène OVNI, ce n'est pas un contact éthique qui a lieu. S'il peut être approprié pour une race extraterrestre de partager avec nous son expérience et sa sagesse en gardant ses distances, comme l'ont fait les Alliés, il n'est pas approprié que ces races viennent ici sans être sollicitées et qu'elles essaient d'intervenir dans les affaires humaines, même sous prétexte de nous aider. Étant donné le niveau de développement de l'humanité à ce stade, en tant que race jeune, il n'est pas éthique de faire cela.

L'humanité n'a pas eu l'opportunité d'établir ses propres Règles d'Engagement ni d'établir ses frontières que toute race autochtone doit établir pour sa propre sécurité et pour sa propre protection. Cela irait dans le sens de l'unité et de la coopération humaines parce qu'il nous faudrait nous unir pour accomplir de telles choses.

Cette entreprise nécessiterait que nous prenions conscience du fait que nous sommes un seul peuple partageant un seul monde, que nous ne sommes pas seuls dans l'univers et que nos frontières spatiales doivent être établies et protégées.

Tragiquement, ce processus nécessaire de développement est à présent en train d'être contourné.

C'est pour encourager l'humanité à se préparer aux réalités de la vie dans la Grande Communauté que les exposés des Alliés ont été transmis. En effet, le message des Alliés à l'humanité est une démonstration de ce qu'est réellement un contact éthique. Ils maintiennent une approche de non-ingérence, respectant nos capacités et notre souveraineté en tant qu'autochtones tout en encourageant la liberté et l'unité dont la famille humaine aura besoin pour trouver sa voie dans son avenir au sein de la Grande Communauté.

Alors que nombreux sont ceux qui doutent que l'humanité ait le pouvoir et l'intégrité nécessaires pour subvenir à ses propres besoins et relever ses propres défis dans l'avenir, les Alliés nous assurent que ce pouvoir, le pouvoir spirituel de la Connaissance, réside en chacun de nous et que nous devons l'utiliser pour notre propre bien.

La préparation à l'émergence de l'humanité dans la Grande Communauté a été fournie. Les deux séries d'exposés des Alliés de l'humanité et les livres de la Voie de la Connaissance de la Grande Communauté sont disponibles pour les lecteurs du monde entier. Ceux-ci peuvent être consultés sur les sites www.alliesdelhumanite.org et www.www.newmessage.org/fr. Ensemble, ces livres fournissent les moyens pour contrebalancer l'Intervention et faire face à notre avenir dans ce monde en plein changement, au seuil de l'espace. C'est la seule préparation de ce type dans le monde d'aujourd'hui. C'est cette même préparation que les Alliés ont réclamé avec tant d'urgence.

En réponse aux exposés des Alliés, un groupe de lecteurs dévoués a élaboré un document intitulé « La Déclaration de Souveraineté Humaine. » Inspirée de la Déclaration d'Indépendance des États-Unis, la Déclaration de Souveraineté Humaine se propose d'établir l'Éthique du Contact et les Règles d'Engagement dont nous, peuple autochtone de ce monde, avons maintenant désespérément besoin afin de préserver la liberté et la souveraineté humaines. En tant que peuple indigène de ce monde, nous avons le droit et la responsabilité de déterminer qui peut venir sur notre monde ainsi que le moment où ces visites auront lieu et la manière dont elles auront lieu. Nous devons faire savoir à toutes les nations et à tous les groupes dans l'univers qui sont au courant de notre existence que nous sommes autodéterminés et que nous avons l'intention d'exercer nos droits et d'assumer nos responsabilités en tant que race libre émergeant dans la Grande Communauté. La Déclaration de Souveraineté Humaine constitue un premier pas dans ce sens ; elle peut être lue en ligne sur www.humansovereignty.org.

RÉSISTANCE &
AUTONOMIE

Passer à l'action : ce que vous pouvez faire

Les Alliés nous demandent de prendre position pour défendre le bien-être de notre monde et de devenir fondamentalement, des alliés de l'humanité nous-mêmes. Cependant pour être réel, cet engagement doit provenir de notre conscience, de la partie plus profonde en nous. Vous pouvez faire de nombreuses choses pour contrebalancer l'Intervention et pour devenir une force positive en vous renforçant et en renforçant les autres autour de vous.

Certains lecteurs ont exprimé un sentiment de désespoir après avoir lu les exposés des Alliés. Si c'est là votre expérience, il est important de vous rappeler que l'intention de l'Intervention est de vous influencer afin que vous vous sentiez soit ouverts et pleins d'espoir, soit impuissants et sans défense face à leur présence. Ne vous laissez pas persuader de cette façon. Vous trouverez votre force en passant à l'action. Que pouvez-vous réellement faire ? Vous pouvez faire beaucoup.

◆

Éduquez-vous.

La préparation doit commencer par la prise de conscience et par l'éducation. Vous devez comprendre ce à quoi vous êtes confronté. Renseignez-vous sur le phénomène OVNI. Renseignez-vous sur les dernières découvertes en planétologie et en astrobiologie qui sont disponibles.

LECTURE RECOMMANDÉE

• Voir les « Ressources additionnelles » dans l'appendice.

◆

Résistez à l'influence du Programme de Pacification.

Résistez au Programme de Pacification. Résistez à l'influence qui vous rend apathiques et incapables de répondre à votre propre Connaissance. Résistez à l'Intervention par la prise de conscience, par la défense de votre cause et par la compréhension. Encouragez la coopération, l'unité et l'intégrité humaines.

LECTURE RECOMMANDÉE

• La Spiritualité de la Grande Communauté, chapitre 6 : « Qu'est-ce que la Grande Communauté ? » et chapitre 11 : « À quoi sert votre préparation ? »
• Vivre selon la Voie de la Connaissance, chapitre 1 : « Vivre dans un monde en émergence. »

◆

Devenez conscients de l'environnement mental.

L'environnement mental est l'environnement de pensées et d'influences au sein duquel nous vivons tous. Son effet sur notre pensée, nos émotions et nos actions est même supérieur à l'effet de l'environnement physique. L'environnement mental est actuellement directement affecté et influencé par l'Intervention. Il est aussi affecté par les gouvernements et les intérêts commerciaux tout autour de nous. Devenir conscient de l'environnement mental est essentiel pour maintenir votre propre liberté de penser librement et clairement. Le premier pas que vous pouvez faire est de choisir consciemment qui et quoi influencera vos pensées et vos décisions en sélectionnant ce qui vient de l'extérieur. Cela inclut les médias, les livres et les amis, la famille et les figures d'autorité qui peuvent exercer leur persuasion sur vous. Établissez vos propres lignes directrices et apprenez à déterminer clairement, avec discernement et objectivité, ce que les autres, et même la culture en général, vous disent. Chacun d'entre nous doit apprendre à discerner consciemment ces influences pour protéger et élever l'environnement mental dans lequel nous vivons.

LECTURE RECOMMANDÉE

- La Sagesse de la Grande Communauté Volume II, chapitre 12 : « L'expression personnelle et l'environnement mental » et chapitre 15 : « Répondre à la Grande Communauté. »

◆

Étudiez la Voie de la Connaissance de la Grande Communauté.

L'apprentissage de la Voie de la Connaissance de la Grande Communauté vous amène en contact direct avec l'esprit spirituel plus profond que le Créateur de toute vie a placé en vous. C'est au niveau de cet esprit profond, au-delà de votre intellect, au niveau de la Connaissance, que vous êtes à l'abri de l'interférence et de la manipulation issues de tout pouvoir venant du monde ou de la Grande Communauté. La Connaissance détient également votre grand but spirituel – la raison de votre présence dans le monde à cette époque. Elle est au cœur de votre spiritualité. Vous pouvez débuter votre voyage sur la Voie de la Connaissance de la Grande Communauté aujourd'hui en commençant l'étude des Pas vers la Connaissance, en ligne sur le site www.newmessage.org/fr.

LECTURE RECOMMANDÉE

- La Spiritualité de la Grande Communauté, chapitre 4 : « Qu'est-ce que la Connaissance ? »
- Vivre selon la Voie de la Connaissance : l'ensemble des chapitres
- L'étude des Pas vers la Connaissance : le Livre du Savoir Intérieur

◆

Formez un groupe de lecteurs des exposés des Alliés de l'humanité.

Pour créer un environnement positif au sein duquel les exposés des Alliés de l'humanité peuvent être considérés en profondeur, joignez-vous à d'autres lecteurs pour former un groupe d'étude. Nous avons remarqué que lorsque les gens lisent à haute voix les exposés des Alliés ainsi que les livres de la Voie de la Connaissance de la Grande Communauté, en présence d'autres personnes, dans un cadre réceptif, et que chaque personne est libre de partager ses questions et ses perceptions à mesure qu'elle avance, leur compréhension s'accroît considérablement. C'est l'une des manières par lesquelles vous pouvez commencer à trouver d'autres personnes qui partagent votre prise de conscience et votre désir de connaître la vérité sur l'Intervention. Vous pouvez commencer même avec une seule personne.

LECTURE RECOMMANDÉE

- La Sagesse de la Grande Communauté, volume II, chapitre 10 : « Les visites de la Grande Communauté », chapitre 15 : « Réagir à la Grande Communauté », chapitre 17 : « La perception qu'ont les visiteurs de l'humanité » et chapitre 28 « Les réalités de la Grande Communauté ».
- Les Alliés de l'humanité, livre 2 : l'ensemble des chapitres.

◆

Préservez et protégez l'environnement.

Chaque jour qui passe, nous réalisons davantage la nécessité de préserver, de protéger et de restaurer notre environnement naturel. Même si l'Intervention n'existait pas, cela resterait une priorité. Cependant, le message des Alliés donne un nouvel élan et une nouvelle compréhension à la nécessité de mettre en place une utilisation durable des ressources naturelles de notre monde. Prenez conscience de la manière dont vous vivez et de ce que vous consommez, et cherchez ce que vous pouvez faire pour préserver l'environnement. Comme le soulignent les Alliés, notre autosuffisance en tant que race sera nécessaire pour sauvegarder notre liberté et notre avancement au sein d'une Grande Communauté de vie intelligente.

<u>LECTURE RECOMMANDÉE</u>

- La Sagesse de la Grande Communauté, volume I : « L'évolution du monde »
- La Sagesse de la Grande Communauté, volume II : « Les environnements »

◆

Faites connaître les exposés des Alliés de l'humanité.

Il est d'une importance vitale que vous partagiez le message des Alliés avec d'autres pour les raisons suivantes :

— vous aidez à briser le silence qui entoure la réalité et l'étendue de l'Intervention extraterrestre ;

— vous aidez à briser l'isolement qui empêche les gens d'entrer en contact les uns avec les autres pour parler ensemble de ce grand problème ;

— vous réveillez ceux qui sont tombés sous l'influence du Programme de Pacification, en leur donnant la possibilité de réévaluer la signification de ce phénomène ;

— vous renforcez votre propre détermination, et celle des autres, à ne pas capituler devant la peur et à ne pas vous défiler devant le plus grand défi de notre époque ;

— vous confirmez pour d'autres personnes la perception directe qu'ils ont de l'Intervention grâce à la Connaissance qui est en eux ;

— vous aidez à mettre en place la résistance qui peut repousser l'Intervention et vous affirmer le pouvoir individuel qui peut apporter à l'humanité l'unité et la force d'établir ses propres Règles d'Engagement.

VOICI DES CHOSES CONCRÈTES QUE VOUS POUVEZ FAIRE AUJOURD'HUI :

— Partager ce livre et son message avec d'autres. L'ensemble de la première série d'exposés peut désormais être lu gratuitement sur le site des Alliés : www.AlliesdelHumanite.org.
— Lire la Déclaration de Souveraineté Humaine et partager ce document essentiel avec d'autres personnes. Elle peut être lue en ligne et imprimée sur : www.humansovereignty.org/french-declaration.
— Encourager votre bibliothèque et votre librairie locales à proposer les deux volumes des exposés des Alliés de l'humanité ainsi que d'autres livres de Marshall Vian Summers. Cela facilite l'accès au message des Alliés pour d'autres lecteurs.
— Partager les exposés des Alliés et leur perspective sur les forums en ligne et dans des groupes de discussion, lorsque cela est approprié.
— Assister à des conférences et à des rassemblements portant sur le sujet et partager le point de vue des Alliés.
— Traduire les exposés des Alliés de l'humanité. Si vous parlez plusieurs langues, vous pouvez peut-être contribuer à la traduction des exposés dans une langue dans laquelle ils n'ont pas encore été traduits, pour qu'ils puissent être

lus par davantage de personnes dans le monde. Merci de nous contacter à Society@newmessage.org.

— Contacter la *New Knowledge Library* pour recevoir gratuitement un kit de promotion des Alliés de l'humanité qui peut vous aider à partager ce message avec d'autres.

LECTURE RECOMMANDÉE

- Vivre selon la Voie de la Connaissance, chapitre 9 : « Partager la Voie de la Connaissance avec les autres »
- La Sagesse de la Grande Communauté, volume II, chapitre 19 : « Courage »

◆

Il ne s'agit en rien d'une liste exhaustive. Ce n'est qu'un début. Observez votre propre vie et voyez quelles opportunités s'y présentent, et soyez ouverts à votre propre Connaissance et à vos propres perceptions sur ce sujet. En plus de faire ce qui est mentionné ci-dessus, certaines personnes ont déjà trouvé des moyens créatifs pour exprimer le message des Alliés – par l'art, par la musique, par la poésie. Trouvez vos propres voies d'expression.

UN MESSAGE DE
MARSHALL VIAN SUMMERS

D urant les vingt-cinq dernières années, j'ai été immergé dans une expérience religieuse. Cela m'a permis de recevoir un vaste ensemble d'enseignements sur la nature de notre spiritualité et sur la destinée de l'humanité au sein de la grande diversité de vie intelligente dans l'univers. Ces écrits, regroupés dans l'enseignement de la Voie de la Connaissance de la *Grande Communauté*, comportent un cadre théologique qui rend compte de la vie et de la présence de Dieu dans la Grande Communauté, la vaste étendue de l'espace et du temps que nous connaissons comme étant notre univers.

La cosmologie que j'ai reçue comporte de nombreux messages, et l'un d'eux est que l'humanité est en train d'émerger au sein d'une Grande Communauté de vie intelligente, à laquelle nous devons nous préparer. Enchâssée dans ce message se trouve la compréhension que l'humanité n'est pas seule dans l'Univers, ni même seule dans son propre monde, et qu'au sein de cette Grande Communauté, l'humanité aura des amis, des compétiteurs et des adversaires.

Cette réalité plus vaste fut confirmée de manière spectaculaire par la transmission aussi soudaine qu'inattendue de la première série d'Exposés des Alliés de l'humanité en 1997. Trois ans auparavant, en 1994, j'avais reçu le cadre théologique pour comprendre les Exposés des Alliés dans mon livre *La Spiritualité de la Grande Communauté – Une Nouvelle Révélation*. À partir de ce moment-là, suite à mon travail et à mes écrits spirituels, je savais que l'humanité avait des alliés dans l'Univers qui se souciaient du bien-être et de la liberté future de notre race.

Dans le cadre des données cosmologiques toujours plus élaborées qui m'étaient révélées et de l'histoire de la vie intelligente dans l'univers, j'apprenais que les races évoluées sur le plan de l'éthique étaient tenues de transmettre leur sagesse aux jeunes races émergentes telles que la nôtre. De plus, ce don devait s'accomplir SANS intervention directe ni ingérence dans les affaires de ces jeunes races.

L'intention des Alliés est de nous informer et non de s'immiscer dans nos affaires. Cet héritage de sagesse de la Grande Communauté fait partie d'une ancienne structure éthique relative au contact avec les races émergentes et à la gestion de celui-ci. Les deux séries d'exposés des Alliés de l'humanité sont une démonstration claire de ce modèle de non-intervention et de contact éthique. Ce modèle devrait d'ailleurs nous servir de guide pour établir des protocoles que les autres races seraient tenues de respecter dans leur tentative de nous contacter ou de visiter notre planète.

Malheureusement, l'Intervention extraterrestre qui se produit sur Terre aujourd'hui est en totale contradiction avec une telle éthique.

L'humanité se place actuellement en position d'extrême vulnérabilité. Avec le spectre de l'épuisement des ressources naturelles, de la dégradation de l'environnement et du risque grandissant de voir chaque jour les liens de la famille humaine se fracturer davantage, nous devenons des proies de plus en plus faciles pour ces races.

Nous vivons sur une planète riche et précieuse, entretenant dans nos esprits une fausse perception d'isolement, alors que des êtres venus de l' espace sont déjà là à convoiter nos ressources. Nous sommes éparpillés et divisés et nous ne voyons pas le grand péril qui pointe chez nous.

Ce phénomène, à notre échelle humaine, s'est répété maintes et maintes fois au cours de notre histoire. C'est le cas, par exemple, du destin des tribus indigènes isolées et complètement perturbées lorsque, pour la première fois, elles vécurent une intervention des pays colonisateurs.

D'une part, nous sommes bêtement irréalistes dans les suppositions que nous entretenons sur les pouvoirs et la bienveillance des communautés de vies intelligentes dans l'univers alors que certaines pourraient s'avérer malveillantes. D'autre part, nous commençons à peine à entrevoir les conditions dangereuses que nous avons créées pour nous-mêmes, sur Terre.

Le fait que la famille humaine ne soit pas prête pour une expérience directe de contact extraterrestre et qu'elle ne soit certainement pas prête non plus pour une Intervention de leur part me paraît impopulaire. Mais ne devrions-nous pas (d'abord) mettre de l'ordre dans nos affaires ?

Nous n'avons pas encore la maturité, ni l'unité, ni la force, ni le discernement nécessaires, en tant que peuple, pour entrer en relation avec d'autres races de la Grande Communauté. Jusqu'à ce que nous atteignions une telle maturité, si jamais nous y arrivons, aucune race ne devrait essayer d'intervenir directement sur Terre.

Les Alliés nous ont fourni la sagesse et la perspective cosmologique dont nous avions tant besoin. Toutefois, ils n'interviennent pas. Ils nous affirment que notre destin est, à juste titre, entre nos propres mains. Tel est le fardeau de la responsabilité liée à la liberté dans l'univers.

Cependant, notre manque de préparation ne change rien au fait que l'Intervention soit déjà en cours. L'humanité se doit de se préparer immédiatement pour cet événement charnière qui sera le plus lourd de conséquence de toute son histoire. Nous sommes tout un chacun au cœur même de ce phénomène de grande ampleur et non de simples témoins fortuits. Cette Intervention se produit déjà, que nous en soyons conscients ou non, et elle a le potentiel de changer l'avenir de l'humanité. Cet épisode de notre histoire nous ramène encore une fois aux grandes questions existentielles : « Qui sommes-nous ? » et « Pourquoi sommes-nous ici ? ».

La Voie de la Connaissance de la Grande Communauté nous a été offerte pour fournir à la fois l'enseignement et la préparation dont nous avons maintenant besoin pour faire face à cet important passage, pour raviver notre esprit et pour donner une nouvelle direction à la famille humaine. Elle parle du besoin urgent d'unité et de coopération entre les peuples de la Terre, de la primauté de la Connaissance, de notre profondeur spirituelle et des responsabilités plus importantes que nous devons maintenant endosser aux portes de la Grande Communauté. Elle représente le « Nouveau Message » de la part du Créateur de toutes vies.

Ma mission est de livrer à l'humanité ces données cosmologiques très précises et de lui communiquer les conditions nécessaires à la préparation pour ce grand passage ainsi qu'un nouvel espoir et une promesse d'avenir pour ces temps difficiles. Ma longue formation et l'immense enseignement de la Voie de la Connaissance de la Grande Communauté servent ce but. Les Exposés des Alliés de l'humanité ne sont qu'une infime partie d'une longue série de transmissions.

Le moment est maintenant venu de mettre fin à ces conflits incessants et de se préparer à la vie dans la Grande Communauté. Pour y parvenir, nous avons besoin d'une nouvelle compréhension de nous-mêmes en tant que peuple unifié, natif de ce monde, et issu de l'Unique Source, ainsi que de notre position vulnérable de jeune race en émergence dans la Grande Communauté.

Ceci constitue mon message pour l'humanité et ce pour quoi je suis venu.

MARSHALL VIAN SUMMERS
2008

Appendice

♦

DÉFINITION DES TERMES

LES ALLIÉS DE L'HUMANITÉ : un petit groupe d'êtres physiques venus de la Grande Communauté qui sont cachés dans notre système solaire, à proximité de notre monde. Leur mission est d'observer et de rapporter les activités et l'intervention des visiteurs extraterrestres dans le monde aujourd'hui et de nous conseiller sur ce sujet. Ils représentent les sages dans de nombreux mondes.

LES VISITEURS : plusieurs autres races extraterrestres venant de la Grande Communauté et « visitant » notre monde sans notre permission et interférant activement dans les affaires humaines. Les visiteurs sont impliqués dans un processus à long terme visant à les intégrer dans la trame et l'esprit de la vie humaine dans le but de prendre le contrôle des ressources du monde et des humains.

L'INTERVENTION : la présence, le but et les activités des visiteurs extraterrestres dans le monde.

LE PROGRAMME DE PACIFICATION : le programme de persuasion et d'influence des visiteurs visant à neutraliser la prise de conscience et le discernement des gens en ce qui concerne l'Intervention, dans le but de rendre l'humanité passive et obéissante.

LA GRANDE COMMUNAUTÉ : L'espace. Le vaste univers physique et spirituel dans lequel l'humanité émerge, qui contient d'innombrables manifestations de la vie intelligente.

LES INVISIBLES : Les Anges du Créateur qui veillent sur le développement spirituel des êtres dotés de conscience, partout dans la Grande Communauté. Les Alliés les appellent « Les Invisibles. »

LA DESTINÉE HUMAINE : l'humanité est destinée à émerger dans la Grande Communauté. Il s'agit là de notre évolution.

LES COLLECTIFS : des organisations hiérarchiques complexes composées de plusieurs races étrangères liées par une allégeance commune. Les visiteurs appartiennent à plusieurs collectifs présents dans le monde aujourd'hui. Ces derniers ont des programmes qui rivalisent entre eux.

L'ENVIRONNEMENT MENTAL : l'environnement de la pensée et de l'influence mentale.

LA CONNAISSANCE : l'intelligence spirituelle qui vit en chaque personne. La Source de tout ce que nous savons. La compréhension intrinsèque. La sagesse éternelle. La partie de nous qui est éternelle et qui ne peut être influencée, manipulée ou corrompue. Elle est un potentiel en toute vie intelligente. La Connaissance est Dieu en vous et Dieu est la Connaissance dans tout l'univers.

LES VOIES DE LA PERCEPTION [1] : différents enseignements de la Voie de la Connaissance qui sont enseignés dans de nombreux mondes dans la Grande Communauté.

LA VOIE DE LA CONNAISSANCE DE LA GRANDE COMMUNAUTÉ : un enseignement spirituel issu du Créateur qui est pratiqué en de nombreux endroits dans la Grande Communauté. Celui-ci enseigne comment faire l'expérience de la Connaissance et l'exprimer, et comment préserver la liberté individuelle dans l'univers. Cet enseignement a été envoyé ici pour préparer l'humanité aux réalités de la vie dans la Grande Communauté.

---

1 : NdT : The Ways Of Insights

COMMENTAIRES SUR
LES ALLIÉS DE L'HUMANITÉ

J'ai été considérablement impressionné par Les Alliés de l'humanité... parce que le message sonne vrai. Les contacts radar, les effets de sol, les enregistrements et les films prouvent tous que les OVNI sont réels. Nous devons maintenant considérer la véritable question : les intentions de leurs passagers. Les Alliés de l'humanité nous mettent face à cette question avec force, une question qui pourrait bien être primordiale pour l'avenir de l'humanité.

— JIM MARRS, auteur de
Alien Agenda and Rule by Secrecy

À la lumière de décennies passées à étudier le channeling, le phénomène OVNI et la question des extraterrestres, j'ai une réponse très positive, à la fois vis-à-vis de Summers en tant que channel et vis-à-vis du message provenant des sources rapportées dans ce livre. Je suis profondément impressionné par son intégrité en tant qu'être humain, en tant qu'esprit, et en tant que véritable channel. Dans leur message et par leur attitude, Summers et ses sources démontrent pour moi de manière convaincante une réelle orientation vers « le service aux autres » face à tant d'orientations humaines, et maintenant même extraterrestres, vers « le service à soi-même. » Bien que sérieux et sur un ton d'avertissement, ce message a stimulé mon esprit avec la promesse des merveilles qui attendent notre espèce à mesure que nous émergerons dans la Grande Communauté. Nous devons à la fois découvrir le droit qui est le nôtre d'être en relation avec le Créateur et y accéder pour s'assurer que nous ne sommes pas excessivement manipulés ou exploités par certains membres de cette grande communauté impliqués dans ce processus.

— JON KLIMO, auteur de
Channeling: Investigations on
Receiving Information from
Paranormal Sources

Depuis 30 ans, étudier le phénomène OVNI (et les abductions) a été comme assembler les pièces d'un puzzle immense. Votre livre m'a enfin donné un cadre pour intégrer les pièces restantes.

— ERICK SCHWARTZ,
LCSW, California

Fait-on quoi que ce soit gratuitement dans le cosmos ? Les Alliés de l'humanité nous rappellent avec force que ce n'est pas le cas.

— ELAINE DOUGLASS,
MUFON Co-state director, Utah

Les Alliés trouveront un grand écho parmi les populations hispanophones à travers le monde. Je peux vous l'assurer ! Tant de gens, pas seulement dans mon pays, se battent pour défendre leurs droits de préserver leur culture ! Votre livre vient confirmer ce qu'ils ont essayé de nous dire de tant de façons, et depuis si longtemps.

—INGRID CABRERA, Mexico

Ce livre a résonné profondément en moi. Pour moi, [les Alliés de l'humanité] n'est rien de moins que révolutionnaire. J'honore les forces, humaines et non-humaines, qui ont donné jour à ce livre, et je prie pour que son avertissement urgent soit entendu.

—RAYMOND CHONG, Singapore

La plupart des informations qu'apportent les Alliés résonnent avec ce que j'ai appris, ou ce que je ressens instinctivement comme étant vrai.

— TIMOTHY GOOD, ufologue
Anglais
auteur de *Beyond Top Secret and Unearthly Disclosure*

Pour Aller plus Loin

LES ALLIÉS DE L'HUMANITÉ traite des questions fondamentales concernant la réalité, la nature et le but de la présence extraterrestre dans le monde aujourd'hui. Cependant, ce livre soulève bien d'autres questions qui doivent être explorées par une étude approfondie. En tant que tel, il est un appel à l'action et sert de catalyseur à l'émergence d'une plus grande prise de conscience.

Pour en apprendre davantage, il y a deux voies que le lecteur peut suivre, ensemble ou séparément. La première voie est l'étude du phénomène OVNI lui-même, qui a été largement documenté durant les quarante dernières années par des chercheurs représentant de nombreux points de vue différents. Dans les pages suivantes, nous avons listé certaines ressources importantes sur ce sujet qui nous semblent être particulièrement pertinentes au vu des informations apportées par les Alliés. Nous encourageons tous les lecteurs à s'informer davantage sur ce phénomène.

La seconde voie concerne les lecteurs qui voudraient explorer les implications spirituelles de ce phénomène et ce que vous pouvez faire personnellement pour vous préparer. Pour cela, nous recommandons les écrits de MV Summers qui sont listés dans les pages suivantes.

Pour être tenus informés des nouvelles informations liées aux Alliés de l'humanité, veuillez visiter le site internet : www.AlliesdelHumanite.org. Pour de plus amples informations concernant la Voie de la Connaissance de la Grande Communauté, veuillez visiter : www.newmessage.org/fr.

RESSOURCES ADDITIONNELLES

V ous trouverez ci-dessous une liste préliminaire de ressources concernant le phénomène OVNI. Cette liste ne prétend en aucun cas être une bibliographie exhaustive sur le sujet, simplement un point de départ. Une fois que votre recherche sur la réalité de ce phénomène aura commencé, il y aura de plus en plus de ressources que vous pourrez explorer, tant par ces sources que nous citons que par d'autres sources. Le discernement est toujours de mise.

LIVRES

Berliner, Don: *UFO Briefing Document*, Dell Publishing, 1995.

Bryan, C.D.B.: *Close Encounters of the Fourth Kind: Alien Abduction, UFOs and the Conference at MIT*, Penguin, 1996.

Dolan, Richard: *UFOs and the National Security State: Chronology of a Coverup*, 1941-1973, Hampton Roads Publishing, 2002.

Fowler, Raymond E.: *The Allagash Abductions: Undeniable Evidence of Alien Intervention*, 2nd Edition, Granite Publishing, LLC, 2005.

Good, Timothy: *Unearthly Disclosure*, Arrow Books, 2001.

Grinspoon, David: *Lonely Planets: The Natural Philosophy of Alien Life*, Harper Collins Publishers, 2003.

Hopkins, Budd: *Missing Time*, Ballantine Books, 1988.

Howe, Linda Moulton: *An Alien Harvest*, LMH Productions, 1989.

Jacobs, David: *The Threat: What the Aliens Really Want*, Simon & Schuster, 1998.

Mack, John E.: *Abduction: Human Encounters with Aliens*, Charles Scribner's Sons, 1994.

Marrs, Jim: *Alien Agenda: Investigating the Extraterrestrial Presence Among Us*, Harper Collins, 1997.

Sauder, Richard: *Underwater and Underground Bases*, Adventures Unlimited Press, 2001.

Turner, Karla: *Taken: Inside the Alien-Human Abduction Agenda*, Berkeley Books, 1992.

VIDÉOS

The Alien Agenda and the Ethics of Contact with Marshall Vian Summers, MUFON Symposium, 2006.
https://www.youtube.com/watch?v=LpQUpJwKCKg

The ET Intervention and Control in the Mental Environment,
    with Marshall Vian Summers, Conspiracy Con, 2007.

*Out of the Blue: The Definitive Investigation of the UFO
    Phenomenon,* Hanover House, 2007.

La chaîne YouTube de Marshall Vian Summers :
    youtube.com/@MarshallVianSummers

SITES INTERNET

www.alliesdelhumanite.org

www.newmessage.org/fr

www.humansovereignty.org/french-declaration

EXTRAITS DES LIVRES DE LA VOIE DE LA CONNAISSANCE

« Vous n'êtes pas seulement un être humain dans ce seul monde. Vous êtes un citoyen de la Grande Communauté des mondes. C'est l'univers physique que vous reconnaissez à travers vos sens. Il est bien plus grand que vous ne pouvez le comprendre actuellement. [...] Vous êtes un citoyen d'un univers physique plus vaste. Ceci n'est pas seulement une reconnaissance de votre Lignée et de votre Héritage mais aussi votre de but dans la vie en ce temps, car le monde de l'humanité émerge dans la vie de la Grande Communauté des mondes. Vous savez cela, bien que cela ne fasse pas encore partie de vos croyances. »

— *Les Pas vers la Connaissance*
Pas 187 : Je suis un citoyen
de la Grande Communauté des mondes.

« Vous êtes venu dans le monde à un grand tournant, un tournant dont vous ne verrez qu'une partie de votre vivant. C'est un tournant où votre monde entre en relation avec les mondes qui se trouvent dans ses alentours. Telle est l'évolution naturelle de l'humanité, comme c'est l'évolution naturelle de toute vie intelligente dans tous les mondes. »

— *Les Pas vers la Connaissance*
Pas 190 : Le monde émerge dans la
Grande Communauté des mondes
et c'est pourquoi je suis venu.

« Vous avez de grands amis au-delà de ce monde. C'est pourquoi l'humanité cherche à entrer dans la Grande Communauté, parce que la Grande Communauté représente ses relations véritables à une plus grande échelle. Vous avez de vrais amis au-delà du monde, parce que vous n'êtes pas seul dans le monde et vous n'êtes pas seul dans la Grande Communauté des mondes. Vous avez des amis au-delà de ce monde, parce que votre Famille Spirituelle a des représentants partout. Vous avez des amis au-delà de ce monde, parce que vous ne travaillez pas seulement à l'évolution de votre monde, mais aussi à l'évolution de l'univers. Au-delà de votre imagination, au-delà de vos capacités de conception, ceci est absolument vrai. »

— *Les Pas vers la Connaissance*
Pas 211 : J'ai de grands amis
au-delà de ce monde.

« Ne réagissez pas avec espoir. Ne réagissez pas avec peur. Réagissez avec la Connaissance. »

— *La Sagesse de la Grande
Communauté Volume II*

Chapitre 10 : Les visites de
la Grande Communauté

« Pourquoi cela a-t-il lieu ? La science ne peut pas répondre à cela. La raison ne peut pas répondre à cela. Les pensées remplies d'espoir ne peuvent pas répondre à cela. La protection de soi craintive ne peut pas répondre à cela. Qu'est-ce qui peut répondre à cela ? Vous devez poser cette question avec un mental différent, voir avec des yeux différents et avoir ici une expérience différente. »

— *La Sagesse de la Grande*
Communauté Volume II
Chapitre 10 : Les visites de
la Grande Communauté

« Vous devez maintenant concevoir le Dieu de la Grande Communauté—non pas un Dieu humain à votre image, non pas un Dieu de votre histoire, non pas un Dieu de vos difficultés et de vos tribulations, mais un Dieu pour tous les temps, pour toutes les races, pour toutes les dimensions, pour ceux qui sont primitifs et pour ceux qui sont évolués, pour ceux qui pensent comme vous et pour ceux qui pensent complètement différemment, pour ceux qui croient et pour ceux pour qui la croyance est inexplicable. Voilà le Dieu de la Grande Communauté. Et c'est là que vous devez commencer. »

— *La Spiritualité de la Grande
Communauté*
Chapitre 1 : Qu'est-ce que Dieu ?

« Le monde a besoin de vous. Il est temps de vous préparer. Il est temps de devenir concentré et déterminé. Il n'y a pas d'échappatoire à cela, car seuls ceux qui sont développés en la Voie de la Connaissance auront une réelle capacité dans l'avenir et pourront maintenir leur liberté dans un environnement mental qui sera de plus en plus influencé par la Grande Communauté. »

— *Vivre selon la Voie de la Connaissance*
Chapitre 6 : Le Pilier
du Développement Spirituel

« Il n'y a pas de héros ici. Il n'y a personne à vénérer. Il y a une fondation à construire. Il y a du travail à faire. Il y a une préparation à entreprendre. Et il y a un monde à servir. »

— *Vivre selon la Voie de la Connaissance*
Chapitre 6 : Le Pilier
du Développement Spirituel

« La Voie de la Connaissance de la Grande Communauté est présentée dans le monde, où elle est inconnue. Elle n'a aucune histoire ni aucune origine ici. Les gens n'y sont pas habitués. Elle ne s'accorde pas nécessairement avec leurs idées, leurs croyances ou leurs attentes. Elle ne se conforme pas à la compréhension religieuse actuelle du monde. Elle vient nue – sans rituel ni grande cérémonie, sans richesse ni excès. Elle vient avec pureté et simplicité. Elle est comme un enfant dans le monde. Elle est vulnérable en apparence, et cependant elle représente une plus Grande Réalité et une plus grande promesse pour l'humanité. »

— *La Spiritualité de la Grande Communauté*
Chapitre 22 : Où la Connaissance peut-elle être trouvée ?

« Il y a dans la Grande Communauté des individus qui sont plus puissants que vous. Il peuvent se montrer plus rusés que vous, mais seulement si vous ne regardez pas. Il peuvent affecter votre mental, mais ils ne peuvent pas le contrôler si vous êtes avec la Connaissance. »

— *Vivre selon la Voie de la Connaissance*
Chapitre 10 : Être présent dans le monde

« L'humanité vit dans une très grande maison. Une partie de la maison est en feu. Et d'autres viennent ici pour déterminer de quelle manière le feu peut être éteint pour leurs propres bénéfices. »

— *Vivre selon la Voie de la Connaissance*
Chapitre 11 : Se préparer à l'avenir

« Sortez par une nuit claire et regardez le ciel. Votre destinée est là. Vos difficultés sont là. Vos opportunités sont là. Votre rédemption est là. »

— *La Spiritualité de la Grande Communauté*
Chapitre 15 : Qui sert l'humanité ?

« Vous ne devriez jamais supposer qu'il y a une plus grande logique au sein d'une race avancée, à moins que celle-ci ne soit forte en la Connaissance. En fait, ses individus peuvent être aussi résistants à la Connaissance que vous ne l'êtes. Les vieilles habitudes, les vieux rituels et les vieilles autorités doivent être remis en question par la manifestation de la Connaissance. C'est pourquoi même dans la Grande Communauté, l'homme ou la femme de la Connaissance est une force puissante. »

— *Les Pas vers la Connaissance*
Niveaux Supérieurs

« Votre intrépidité à l'avenir ne doit pas naître de la prétention, mais de votre certitude en la Connaissance. De cette façon, vous serez un refuge de paix et une source de richesse pour les autres. C'est cela que vous êtes censé être. Telle est la raison de votre venue en ce monde. »

— *Les Pas vers la Connaissance*
Pas 162 : Je n'aurai pas peur aujourd'hui.

« Ce n'est pas une époque facile pour être dans le monde, mais si la contribution est votre but et votre intention, alors c'est le bon moment pour être dans le monde. »

> — *La Spiritualité de la Grande*
> *Communauté*
> Chapitre 11 : À quoi sert
> votre préparation ?

« Afin de pouvoir mener à bien votre mission, vous devez avoir de grands alliés, car Dieu sait que vous ne pouvez pas y arriver seul. »

> — *La Spiritualité de la Grande*
> *Communauté*
> Chapitre 12 : Qui rencontrerez-vous ?

« Le Créateur ne laisserait pas l'humanité sans une préparation pour la Grande Communauté. Et pour cette raison, la Voie de la Connaissance de la Grande Communauté est présentée. Elle est née de la Grande Volonté de l'univers. Elle est communiquée par les Anges de l'univers qui servent l'émergence de la Connaissance partout dans l'univers et qui cultivent des relations qui peuvent incarner la Connaissance partout dans l'univers. Cette œuvre est l'Œuvre du Divin dans le monde, non pour vous amener au Divin, mais pour vous amener dans le monde, car le monde a besoin de vous. C'est pourquoi vous avez été envoyé ici. C'est pourquoi vous avez choisi de venir. Et vous avez choisi de venir pour servir et soutenir l'émergence du monde dans la

Grande Communauté, car c'est là le grand besoin de l'humanité à cette époque, et ce grand besoin va éclipser tous les besoins de l'humanité pour les temps à venir. »

— *La Spiritualité de la Grande Communauté*
Introduction

À Propos de l'Auteur

Bien qu'il soit actuellement peu connu dans le monde, Marshall Vian Summers pourrait au final s'avérer être l'enseignant spirituel le plus important de notre époque. Pendant plus de 20 ans, il a écrit et enseigné silencieusement une spiritualité qui reconnaît la réalité indéniable selon laquelle l'humanité vit dans un univers vaste et peuplé et doit à présent se préparer sans attendre à son émergence dans une Grande Communauté de vie intelligente.

MV Summers enseigne la discipline de la Connaissance, du savoir intérieur. « Notre intuition la plus profonde », dit-il, « n'est qu'une expression externe du grand pouvoir de la Connaissance. » Ses livres – *Les Pas vers la Connaissance : le livre du Savoir Intérieur*, élu meilleur livre de l'année 2000, dans la catégorie spiritualité, par le *Book of the Year Award* aux États-Unis, et *La spiritualité de la Grande Communauté : une Nouvelle Révélation* – constituent ensemble une fondation qui pourrait être considérée comme la première « Théologie du Contact. » L'ensemble de son travail, une vingtaine de volumes, dont seule une petite partie a été publiée à ce jour par la *New Knowledge Library*, pourrait bien représenter l'un des enseignements spirituels les plus originaux et les plus avancés de notre histoire moderne. Marshall Vian Summers est aussi le fondateur de la *Society for the Greater Community way of Knowledge*, une organisation religieuse à but non lucratif.

Avec *Les Alliés de l'humanité*, Marshall Vian Summers devient peut-être le premier grand enseignant spirituel à apporter une mise en garde claire concernant la réelle nature de l'Intervention qui se déroule à présent dans le monde, appelant à la responsabilité et la préparation individuelles ainsi qu'à une prise de conscience collective. Il a consacré sa vie à recevoir La Voie de la Connaissance de la Grande Communauté, un don du Créateur pour l'humanité. Il consacre sa vie à apporter ce Nouveau Message de Dieu dans le monde.

Pour lire le Nouveau Message en ligne, veuillez visiter le site www.newmessage.org/fr.

Livres de la Voie de la Connaissance de la Grande Communauté

God Has Spoken Again (Dieu a parlé à Nouveau)

The One God (Le Dieu Unique)

The New Messenger (Le Nouveau Messager)

The Greater Community (La Grande Communauté)

The Journey to a New Life (Le voyage vers une nouvelle vie)

The Power of Knowledge (Le pouvoir de la Connaissance)

The New World (Le nouveau monde)

The Pure Religion (La religion pure)

Preparing for the Greater Community
(Se préparer à la Grande Communauté)

The Worldwide Community of the New Message from God
(La communauté mondiale du Nouveau Message de Dieu)

Greater Community Spirituality
(La Spiritualité de la Grande Communauté)

Steps to Knowledge (Les Pas vers la Connaissance)

Relationships and Higher Purpose
(Les Relations et le But Supérieur)

Living The Way of Knowledge
(Vivre selon la Voie de la Connaissance)

Life in the Universe (La vie dans l'univers)

The Great Waves of Change (Les Grandes Vagues de changement)

Wisdom from the Greater Community Books One and Two
(La Sagesse de la Grande Communauté Livres 1 et 2)

Secrets of Heaven (Les Secrets du Ciel)

The Allies of Humanity Books One, Two, Three and Four
(Les Alliés de l'humanité Livres 1, 2, 3 et 4)

www.ingramcontent.com/pod-product-compliance
Lightning Source LLC
Chambersburg PA
CBHW031219290326
41931CB00035B/321